(Um 1400.)

Achim Sperber · Vier- und Marschlande

Vier- und Marschlande

Konzept,
Fotos und
Gestaltung:
Achim Sperber

Text:
Gerd Hoffmann
Heinrich Lütten
Werner Schröder

Christians

© Hans Christians Verlag, 1981
Alle Rechte, auch die des auszugsweisen
Nachdrucks und fotomechanischen
Wiedergabe, vorbehalten

Layout: Bernd Kiefer
Satz: Dörlemann, Lemförde
Druck: Hans Christians, Hamburg
Lithos: Gries, Ahrensburg
Einband: Ladstetter, Hamburg
ISBN 3-7672-0734-6
Printed in Germany

Inhalt

Am Anfang war das Wasser ...	7
Historische Zeugnisse	9
Die Naturgewalten nutzen	10
Wer nicht will deichen, der muß weichen	12
Dann saß der Wagen des Pastors fest ...	13
Historisches Verkehrsnadelöhr Zollenspieker	14
Im Archiv gestöbert ...	18
Saures Silber – Der Rhabarber	19
Höker und Handel – Von der Erdbeere bis zum Blutegel	22
Ereignis im langen Winter – Die Hausschlachtung	24
Heute wär's eine Bürgerinitiative	25
Wohnen und arbeiten unter einem Dach	26
Chronik – Vom frühen Mittelalter zur Neuzeit	30
Im Wechsel der Jahreszeiten	33
Die Vierlande	35
Marschlande	35
Von Wolkenbildern und Bauernregeln	38
Von Deichen und Teichen, Gräben und Bracks	41
Eine Kulturlandschaft im steten Wandel	51
Vierländer Baukunst in Fachwerk und Reet	56
Von Müllern und Mühlen	66
Die Kirchen – Kleinode in der Landschaft	69
Von Intarsien und anderen Handwerkskünsten	74
Von Schuffeln und Schiermoken	84
Die letzten ihrer Zunft	94
Hess all heurt?	98
Schafe für die Deiche	103
Was der Boden hergibt und einbringt	105
Mit Spaten und Schaufel – Der Beruf des Kleigräbers	105
Die Hamburgische Gartenbauversuchsanstalt Fünfhausen	107
Von Kunst und Künstlern	111
Freizeit hinterm Deich – Vom Surfen bis zum Pfeifenclub	112
De Wohlversammlung	125
Winter in der Marsch	127

Am Anfang war das Wasser...

Zum Stadtstaat Hamburg gehören neben Welthafen, Industrieanlagen und Wohnvierteln auch am Rande die Vier- und Marschlande mit weiten Wiesen, Ackerflächen und Endlosgräben. Blumen- und Gemüsekulturen, gläsern blinkende Treibhausbauten und die idyllischen Elbnebenarme und deren Deiche mit Fachwerkhäusern unter Reetdächern und Bäumen davor prägen hier im Südosten der Großstadt das Bild der Landschaft. Dieses Land am Rande der Stadt, als Gemüsegarten Hamburgs bezeichnet, ist das größte zusammenhängende Gemüse- und Blumenanbaugebiet der Bundesrepublik.
Vor 1000 Jahren gab es hier noch keine Deiche, höchstens einige Dämme. Das Land ist geschichtlich gesehen sehr jung. Es gehört zum Urstromtal der Elbe. Diese tellerflache Marsch erhebt sich nur wenig über den Meeresspiegel – zwischen 0,0 und 3,5 m – und besteht noch heute zu 1/17 aus Wasserfläche. Über Jahrhunderte hinweg wurde dieses Land dem Wasser abgerungen. Stand das Haus nicht auf einer Warft – einem aufgeschütteten Erdhügel zum Schutz vor Sturmfluten –, dann wurden zwischen Elbstrom und Wohnstätten Deiche gebaut. Häufig wurden diese aber wieder vom Wasser und Wind zerstört. Ebensooft aber wurden die Berge der Marsch, die Deiche, ausgebessert, erhöht, verstärkt, befestigt und neu angelegt. Das letzte umfangreiche Unternehmen dieser Art – ausgelöst durch die Sturmflut im Februar 1962 – wurde erst vor wenigen Jahren abgeschlossen.
Heute geht der Blick vom neuen Elbdeich zum Süden über die weitgeschwungene Flußlandschaft mit ihren Uferbefestigungen und zum Norden über Vorgärten, an alten und neuen

Häusern vorbei auf Unterglaskulturen, Gemüsefelder, Blumenbeete und Feldland. Die neuen Deiche sind Hauptverkehrswege geworden. Das war nicht immer so. Noch um die Jahrhundertwende spielten sich Transport und Ausflugsverkehr fast ausschließlich auf dem Wasserwege ab. Das alles änderte sich entscheidend mit dem Bau der Eisenbahn, mit der Pflasterung und Befestigung der Deiche, mit der Anlage von Chausseen und letztlich mit dem Bau der Autobahn.
Wer heute die Bundesstraße 5 – der nördlichen Grenze des Marschgebietes – zwischen Billstedt und Geesthacht benutzt, befindet sich auf einer frühgeschichtlichen Nord-Süd-Verbindung. Wurden die Reisenden in grauer Vorzeit durch Stadttore, Zölle, Schlagbäume und -löcher, durch Achsenbrüche und gelegentlich auch durch Schädelbrüche bei Meinungsverschiedenheiten mit Wegelagerern aufgehalten, so wird heute der Reisefluß häufig durch den starken Autoverkehr gestoppt.

Geblieben aber ist der grandiose Blick übers Urstromtal der Elbe bis hin zu den Geesthängen der Niedersachsenseite. War es damals eine unwegsame Wasserwildnis mit Prielen und Flußläufen, mit Schlickflächen und Schilfgürteln, Inseln, Baumriesen und Auen, ein Eldorado für Fischer und Jäger, für Tiere und Pflanzen, so ist es heute ein ideales Gebiet für Gemüse und Blumen, für Freizeit, Sport und Naherholung. Alles ist kultiviert und urbar gemacht, begradigt, bebaut, überbaut und z. T. leider auch verbaut. Industrieanlagen und Autobahnen schieben sich immer weiter vor: In den Marschlanden stoßen Stadt und Land zusammen, Tradition und Gegenwart, Natur und Technik ringen miteinander.
Und wie immer an Nahtstellen prallen auch hier handfeste Interessen aufeinander, Fabrikschornsteine und Grünkulturen vertragen sich nicht so recht miteinander. Die Schlote sind auf dem Vormarsch, der mit giftigen Abgasen verbundene Profit ist höher als der Gewinn, den Gemüse bringt.
Strukturwandel und die fortschreitende Zeit sind nicht aufzuhalten. Wo gestern noch Wiesen und Felder waren, Wildblumen blühten und Unkraut rankte, ragen heute Hochhäuser und Kräne empor.
Dieses zwischen Deichen gelegene Land hat aber trotz dieser Gegensätze noch immer seinen besonderen Reiz. In vielen Plätzen und Orten, in Gartenbaubetrieben und Deichbiegungen, Wegen und Häusern haben sich die Menschen, die hier leben und arbeiten, etwas Gewachsenes und Eigenständiges erhalten. Dieses Traditionsgut wird in Ehren gehalten, einfach aus Freude daran und um es in die Zukunft zu retten.

Die Elbe als Lebensader der Vier- und Marschlande, erstmalig dargestellt auf einer Wandkarte von Melchior Lorichs

Historische Zeugnisse

Diese alte farbige Elbkarte würde man nach heutigen Maßstäben eher als Elbansicht bezeichnen, da sie nicht den strengen kartographischen Richtlinien entspricht. Trotzdem ist dieses Werk, das in seinen Ausmaßen 12,0 m lang und 0,6 m hoch ist, ein sehr wertvolles Dokument der damaligen Zeit. Sie ist die älteste heute noch erhaltene Elbkarte und die erste bildliche Darstellung der Vier- und Marschlande. Zu Recht gebührt ihr der Platz in einem besonderen Saal des Hamburger Staatsarchivs.

Die Entstehungsgeschichte der alten Elbkarte gibt gleichzeitig Aufschluß über die Geschichte der Elbe als wichtige Handelsstrecke.

Hamburg hatte schon im 14. Jahrhundert die Betonnung der Elbe übernommen und die Seeräuber aus der Elbmündung vertrieben. Damit war die Fahrt auf der Elbe sicherer geworden, die Nachbarstaaten aber protestierten gegen die, wie sie meinten, zu hohen Zollabgaben. Die Streitigkeiten spitzten sich zu. In verschiedenen Prozessen zwischen Hamburg und Braunschweig-Lübeck, die 1567 offenbar ihren Höhepunkt erreichten, mangelte es dem Hamburger Rat an Beweismaterial, gegnerische Behauptungen über den Verlauf der Elbe und der Süderelbe zu widerlegen. Hamburg beauftragte den berühmten Künstler Melchior Lorichs, dieses wichtige Dokument – eine Ansicht der Elbe von dem damals hamburgischen Geesthacht bis zur Mündung – zu erstellen, und gewann damit den Prozeß.

Auf der Karte ist zu erkennen, daß die Dove- und die Gose-Elbe im Vierländer Gebiet schon von der Stromelbe abgedeicht und die Vier- und Marschlande bereits mit mehreren Deichen durchzogen sind. Bergedorf ist als wehrhaftes Gebilde zu erkennen, dessen Schleusengraben eine Verbindung mit der Dove-Elbe hat.

Im südlichen Teil Kirchwerders liegt die bedeutende Zoll- und Fährstelle Zollenspieker. Um 1550 stationierte Hamburg hier bewaffnete Schiffe, die den vorbeifahrenden Schiffsverkehr überwachten.

7 Monate benötigte Melchior Lorichs für seine farbige Darstellung der Elbe und bezog dafür ein stattliches Honorar: Umgerechnet 27 000 DM erhielt er in Raten, was dem damaligen Jahresgehalt eines Gelehrten entsprach. Der

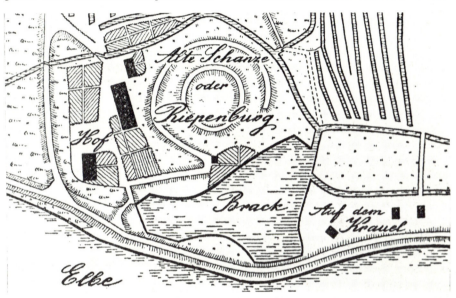

seinerzeit 41jährige war als Allround-Künstler bekannt. Er wurde 1526 als Sohn des Flensburger Ratsherrn Thomas Lorck geboren, erlernte das Goldschmiedehandwerk, wandte sich aber auch dem Druckereihandwerk zu und arbeitete an Kupferstichen und Holzschnitten. Daß er nicht nur Künstler und ein meisterhafter Handwerker war, bewiesen seine Leistungen als Architekt, Dichter, Kartograph, Autor und Publizist von Reisebeschreibungen.

250 Jahre lang hatte Kirchwerder eine Burg, die zeitweise sogar zur Raubritterburg aufrückte.

Noch heute lassen sich mit geübtem Auge Fragmente in dem grünen Untergrund erkennen. Teile vom Burghügel, Burgwall und Burggraben, die heute unter Denkmalschutz stehen, heben sich deutlich ab. Wer darin nun allerdings in seiner Phantasie so etwas wie eine Burg vom Rhein vermutet mit Rittern und Burgdamen, die auf dem Elbdeich lustwandeln, der täte der Realität Gewalt an.

Erbaut wurde die Burg zu Beginn der 2. Hälfte des 13. Jahrhunderts von dem Ritter Hermann Riebe, der Burg, Gegend und Mühle seinen Namen gab. 100 Jahre später war sie Sitz der herzoglichen Vögte. Später residierten Hamburger und Lübecker Amtsverwalter hier. Scheinbar hat sich niemand so recht um diesen schlichten Bau und die Anlage gekümmert, denn 1506 wurde die Burg – auch aus Altersgründen – abgebrochen. Noch 1826 war der Burghügel 1¾ m höher als der Elbdeich. Die Bezeichnung »Raubritterburg« geht auf die Unsitte zurück, daß hier zeitweise illegaler Zoll kassiert wurde, um an die verzollbare Ware heranzukommen. Diese wurde – gründlich wie Zöllner sein können – gleich mitkassiert.

Heute ist das Gelände der Riepenburg eine Staatsdomäne und im Besitz der Freien und Hansestadt Hamburg. Es liegt unmittelbar am Elbdeich und verbirgt die Veränderungen und Räubergeschichten hinter hohen Bäumen und der Wasserwildnis des Kraueler Bracks.

Gasflamme von Neuengamme

Die Naturgewalten nutzen

Viele alte, teilweise kolorierte Postkarten erinnern an ein großes technisches Unglück im Jahre 1910 in Neuengamme. Der Vorläufer der Hamburger Wasserwerke, die »Deputation Hamburger Wasserbaukunst«, wollte durch Tiefbohrungen in den Vier- und Marschlanden Trinkwasseradern für die Bewohner erschließen, um vom aufbereiteten Elbwasser unabhängig zu werden. Bei der Grundwasserbohrung am 3. November 1910 stieß man plötzlich in einer Tiefe von 245 Metern auf Gas; dieses strömte aus und entzündete sich. Am 4. November gegen 17 Uhr schossen auf einmal drei mächtige Stichflammen aus dem Bohrgestänge. Der Druck war so enorm, daß die mittlere Flamme eine Höhe von 5 Metern, die seitlichen sogar bis zu 15 Metern erreichten.
Schon damals galten ungewöhnliche Ereignisse als Touristenattraktionen, wie eine alte Mitteilung beweist: »Die Eisenbahn aus Hamburg legte am Bußtag und den beiden darauffolgenden Sonntagen fast hundert Sonderfahrten ein ... Die Brandstelle ist vom Bergedorfer Bahnhof in ca. ¾ Stunden Fußweg zu erreichen. Es ist aber auch Fahrgelegenheit von Bergedorf nach Neuengamme vorhanden ... Allein am Sonntag, dem 12. November, kamen 25 000 Menschen mit Dampfschiffen nach Neuengamme, um sich das ›Flammenkreuz von Neuengamme‹ anzusehen ...«.
Nach vielen Versuchen konnten endlich am 24. November 1910 die 3 Feuersäulen gelöscht und das austretende Gas unter Kontrolle gebracht werden. Aus dem Unglück verstand man dann aber auch, wirtschaftlichen Nutzen zu ziehen. Nachdem von der Quelle bis zum Gaswerk Tiefstack eine 15,3 km lange Rohrleitung verlegt war, lieferte die Quelle von 1913 bis 1930 Erdgas für die Versorgung Hamburgs.
Diese Neuengammer Erdgasbohrstelle gab das Signal für weitere Bohrungen

nach Erdgas und Erdöl in den Vier- und Marschlanden.
Noch heute sieht man – hauptsächlich in Kirchwerder, Neuengamme und Reitbrook – die kleinen wippenden grünen Ölbohrtürme in der Landschaft. 1964 wurde in Reitbrook ein

weiteres Erdgasfeld ausgebeutet, und seit 1973 ist der Allermöher Erdgas-Tiefspeicher der Hamburger Gaswerke in Betrieb.
Holländische Wasserbauexperten prägten mit ihrem heute noch funktionierenden Grabensystem das Landschaftsbild der Vierlande und Marschlande. Die Holländer hatten die nötige Erfahrung und legten wohl auch Hand mit an. 1926 war aus den ursprünglich nur der Entwässerung dienenden Gräben ein Ent- und Bewässerungssystem geworden. Pumpwerke und Entwässe-

Wo um 1920 noch viele Männerhände nötig waren, werden heute Bagger zum Ausheben der Wassergräben eingesetzt.

rungskanäle machten die alten malerischen Wasserschöpfmühlen überflüssig. Von nun an ließen sich die Probleme der Wasserverteilung per Knopfdruck regeln. Von starken Elektropumpen bewegt, lief jetzt das Wasser, wie es sollte und nicht wie es wollte.

Zur Zeit der Schöpfmühlen brach häufig Streit unter den Mühlenbesitzern aus, besonders wenn sie eine Mühle gemeinsam bewirtschafteten oder andere einfach nach Gutdünken pumpen ließen. Das hatte zur Folge, daß sich auch der Wasserpegel auf den Nachbargrundstücken beträchtlich änderte.

Die Schöpfmühlen waren einfache Bauwerke aus Holz und äußerst reparaturbedürftig; es gab Zimmerleute, die sich auf solche Mühlen spezialisiert hatten.

Mit dem Einsatz der Elektropumpen wurden die vielen Mühlen in Seefeld und Ochsenwerder überflüssig und konnten abmontiert werden.

Beim Bau der kilometerlangen Entwässerungsgräben mußten in mühsamer Schwerstarbeit Kleierde und Lehm durch Spaten und Schubkarre bewegt werden. Das Heer der fremden Arbeiter hatte darüber hinaus noch in dieser Zeit der großen Inflation mit den Tükken der herrschenden Währung zu kämpfen. Ausgezahlt wurde täglich, und es empfahl sich, das nicht gerade leicht verdiente Geld sofort anzulegen. Unterblieb das, gab es für den Vertragslohn nur noch eine Schachtel Streichhölzer für die mehrfachen Millionäre.

Dieses neue Wasserbauwerk erfaßte ca. 7000 ha und brachte spürbare Vorteile. Anhaltender Regen oder Schmelzwasser im Frühjahr können heute ohne Schwierigkeiten in die Elbe befördert werden. Ist der Sommer trocken, werden die Gräben vollgepumpt. Dadurch hält sich der Grundwasserspiegel hoch, und nachts entsteht Taubildung. Das schafften die hölzernen Vorgänger nicht. Hinzu kam die Windabhängigkeit, bei der ein Zuwenig die Flügel zum Stillstand brachte. Bei einem Zuviel mußten aus Gründen der Sicherheit die Flügel gestoppt werden. Das Holz der Mühlen dient heute teilweise noch in den Feldern als Zaun und Gatter.

Wer nicht will deichen, der muß weichen

Schon seit 1150 schützten die ersten Deiche Teile der Vier- und Marschlande gegen Sturmfluten der nahen Nordsee, aber auch gegen Schmelzwassermassen der Oberelbe im Frühjahr. Ihr Aufbau und die laufende Verbesserung und Instandsetzung waren lebenswichtig für Land und Leute hinterm Deich.

In den Jahrhunderten seit den ersten Deichbauten gab es immer wieder kleinere und größere Deichbrüche, wodurch dann das fruchtbare Marschgebiet überschwemmt wurde. In der Neuengammer Kirche stehen noch die Erinnerungssteine an die großen Fluten und Deicheinbrüche der Jahre 1741 und 1771. Auch am Neuengammer Hauptdeich erinnert ein Gedenkstein an die alte Deichbruchstelle von 1771. Der Hamburger Deichinspektor H. W. C. Hübbe beschrieb 1861 in seinem Buch »Erläuterung zur historischen und topographischen Ausbildung des Elbstromes und der Marscheninseln bei Hamburg« den Fortgang der Eindeichungen aus seiner Sicht mit mehreren aufschlußreichen Karten. So zeigt z. B. die Karte »Um 1400«, daß die Gammer-Marsch mit Altengamme und Curslack, Neuengamme mit einem kleinen Reitbrooker Teil, große Teile Kirchwerders und Tatenbergs, Ochsenwerder sowie die große Landschaft Billwerder schon mit Deichen umgeben sind und wie geschützte Inseln in der Marsch liegen.

Das große Vorlandgebiet beim Kirchwerder Krauel wurde um 1340 eingedeicht, und 1471 wurde die Dove-Elbe zwischen Altengamme und Neuengamme durch einen Deichbau vom Durchfluß der Strom-Elbe abgetrennt.

»Wer nicht will deichen – der muß weichen!« sagt ein alter friesischer Spruch, und schon im 13. Jahrhundert ordnet der »Sachsenspiegel«, das Rechtsbuch, an: »Jedes Dorf, das am Wasser liegt, hat seinen Teil des Deiches instandzuhalten!« Deichvögte und Geschworene, zusammengeschlossen in den Deichverbänden der einzelnen Vierländer- und Marschländer Dörfer, hatten diese Aufgabe zur Pflicht. Ihnen fiel damit das wichtigste Amt in ihrer Gemeinde zu. »Es ist ein alter Brauch in den Vierlanden, die Deichvögte und Geschworenen am St. Petri Tag (22. Februar) zu wählen«, liest man im Billwerder Landrecht von 1490.

Eine große Wende in der jahrhundertealten Deichaufsicht und dem alten Deichbau brachte die Sturmflut vom 16./17. Februar 1962, als im Hamburger Raum die alten Wehrdeiche an 60 Stellen brachen und ⅙ des hamburgischen Staatsgebietes überflutet war, und auch große Teile der Marschlande unter Wasser standen. 315 Todesopfer waren im Hamburger Raum zu beklagen, und mehr als 20 000 Menschen mußten zeitweise evakuiert werden. Die alten, beiderseits sehr steilen Wehrdeiche hatten sich dem langanhaltenden Hochwasser (5,70 m über NN) und den Überströmungen mit hinteren Auskolkungen nicht gewachsen gezeigt. Neuere und flachere Hauptdeiche (7,40 m über NN, in Altengamme sogar 8,40 m über NN) wurden ab 1963 im Elbvorland gebaut und verkürzten auch die Deichverteidigungslinie.

Die neuen Deichstraßen in diesen Hochwasserschutzanlagen wurden Eigentum der Stadt Hamburg. Die alten kurvenreichen Deiche – offiziell zu »Schafdeichen« erklärt – schlängeln sich heute parallel zu den Hauptdeichen hin. Für den Besucher bieten sie ein sehr lebendiges Bild: Da sie vom Durchgangsverkehr entlastet sind, tummeln sich hier Kinder mit ihren Fahrrädern, Gärtner mit vollen Schubkarren stapeln ihre Waren am Deich und gönnen sich einen Klönschnack mit ihren Nachbarn.

Nach wie vor werden im Frühjahr und Herbst durch die Hamburger Baubehörde und den von den anliegenden Grundeigentümern gewählten Deichvogt und seinen Geschworenen Deichschauen auf der Hochwasserschutzanlage durchgeführt. Im Sommer sorgen mehrere Schafherden für die Festigkeit der Anlage.

Die große Sturmflut von 1962 führte zum Bau der neuen Hochwasserschutzanlage.

Doch die Angst vor Überflutungen ist auch heute noch tief verwurzelt, zumal sich stündlich durch die neuen Anlagen der Wasserstand der Elbe ändern kann. Im November 1977 schlossen sich alle alten Deichverbände zu einem Verband zusammen, um gemeinsam mit der Stadt Hamburg die Bewohner und ihre Grundstücke vor Sturmfluten und Hochwasser zu schützen.

Dann saß der Wagen des Pastors fest...

Von 1881 bis 1912 war Sophus Lau der Kirchwerder Pastor. In seinem Büchlein »Aus dem Pfarrhaus in Kirchwärder« beschrieb er Land und Leute um 1900 mit den kleinen Begebenheiten der damaligen Zeit. So beschrieb er seine Kutschfahrt zur Weihnachtszeit 1895: »... Stundenlang saß ich im Pferdewagen, um in die entferntesten Teile der ausgedehnten Gemeinde zu gelangen. Die Chaise schwankte auf den unbefestigten Deichwegen streckenweise derart, daß ich Anwandlungen von Seekrankheit verspürte und es daher vorzog, die Fahrt durch eine Wanderung zu unterbrechen... Um die Weihnachtszeit sah ich in fast allen Häusern eine muntere Kinderschar sich an dem lichtstrahlenden Weihnachtsbaum erfreuen, der sich im Laufe der letzten Jahre (etwa seit 1870) allmählich in dieser Landschaft Heimatrecht erworben hat...

Die Amtsfahrten in dem bekannten Wagen waren jedoch für mich nicht nur langweilig, sondern sie konnten unter Umständen auch bedenklich werden. An einem Sonnabend im Dezember hatte ich in der Kirche zu Neuengamme Abendmahls-Gottesdienst gehalten. Während der Heimfahrt war es dunkel geworden. Die Ohe war bei dem hohen Wasserstand der Gose-Elbe überflutet; ich dachte mir nichts Arges. Da gab es plötzlich, während wir durchs Wasser fuhren, einen Ruck. Das Fuhrwerk streikte. Es war in ein Loch geraten und saß fest; so fest, daß an ein Loskommen nicht zu denken war. Das Wasser drang in das Innere der Chaise. Was war zu tun? Mir blieb nichts anderes übrig, als auszusteigen, durch das Wasser, welches mir bis zum Leib ging, hindurchzuwaten und dann im schnellsten Lauf dem Pfarrhof zuzueilen. Der Fuhrmann ritt auf den ausgelösten Pferden heim. Der Wagen mußte am nächsten Morgen förmlich ausgegraben werden. Merkwürdigerweise habe ich mir bei jener Begebenheit trotz der winterlichen Jahreszeit auch nicht die geringste Erkältung zugezogen!«

Wen verwundert ein solcher Bericht, wenn er hört, daß die Deichstraßen in Vierlanden zum größten Teil ungepflastert waren. Die spät einsetzenden Pflasterarbeiten wurden durch den ersten Weltkrieg unterbrochen und danach überall fortgesetzt.

Die wichtigste, aus dem Jahre 1568 stammende Nord-Süd-Verbindung war der Curslacker Heerweg. Dadurch sollte damals die Fahrt zur Zollenspieker Fähre erleichtert werden.

An festen Fahrwegen in Nord-Süd-Richtung waren nur einige Straßenzüge vorhanden. Es wurden vielfach Feld- und Kirchenwege als Richtwege zwischen den Deichen benutzt. Der eigentliche Lastverkehr ging mit Kränen, Ewern und zeitweise auch mit Raddampfern über die Elbläufe nach Hamburg und Bergedorf.

Die Krämerwagenfahrer und die Bierkutscher wußten um die Jahrhundertwende ein Lied über ihre Deichtouren bei Wind und Wetter zu singen, denn die Deichstraßen waren auch nach der tonnenförmigen Bepflasterung sehr schmal.

Noch 1927 war der Verkehr auf den Deichen selbst mit einem 12sitzigen Autobus verboten, und erst sehr allmählich wurden Einzelgenehmigungen erteilt.

Seit dem Bau der neuen Hochwasserschutzanlagen ab 1963 gibt es auch eine schnelle, den Elbstrom begleitende Durchgangsstraße von Hamburg-Moorfleet bis Geesthacht.

Im Bau befindet sich zur Zeit die Entlastungsstraße zur B 5, die Marschenstraße. Schon in den zwanziger Jahren begannen die ersten Planungen für ihren Bau, der bis heute umstritten ist. Die Autobahn durchschneidet die Vier- und Marschlande in West-Ost-Richtung und wird nach ihrer Fertigstellung eingreifende Veränderungen der Wirtschafts- und Landschaftsstruktur nach sich ziehen.

Sonntagsspaziergang auf der zugefrorenen Elbe bei Zollenspieker

Winterliches Treiben auf der Kirchwerder Sielkuhle bei der Kirche

Historisches Verkehrsnadelöhr Zollenspieker

Dieser Ort, direkt an der Elbe gelegen und südlichster Zipfel Hamburgs, ist bekannter als die Vierlande selber oder Kirchwerder, zu deren Gemeinde Zollenspieker gehört. So klar wie die erste Hälfte des Namens ist, so zweideutig ist die zweite. Die Vierländer sagen Spieker, und das kann abgeleitet sein von dem Wort Späher oder Speicher, also Zollspäher oder Zollspeicher. Diese seit 1252 urkundlich belegte Fähr- und Zollstätte hieß früher Eßlingen. Der Namenswechsel fand Mitte des 15. Jahrhunderts statt.

1736 wurden 911 aufwärtsfahrende Schiffe verzeichnet, 60 Jahre später waren es schon 7703. Von 1620 bis 1630 brachten Zoll und Fähre 47676 Mark ein. Aus diesen Einnah-

Die Lauenburgischen Elbbrecher lagen kurz vor Kälteeinbruch im Warwischer und Zollenspieker Hafen in Bereitschaft, um die Fahrrinne auf der Elbe von Treibeis freizuhalten.

men finanzierten sich Amtssitz und Verwaltung.

Am 22. Februar 1620 überfielen die Lüneburger wegen der abgedeichten Gose- und Dove-Elbe den Zollenspieker. Die Anlagen und Gebäude wurden zerstört. Das im folgenden Jahr wiederaufgebaute Fährhaus hat sich bis heute weitgehend so erhalten. Die Steine für den Bau stammten, wie es hieß, von der Riepenburg.

Schon damals war hier viel Betrieb, besonders wenn Viehherden auf der uralten Nord-Süd-Verbindung die Elbe überqueren oder sich Kriegsvolk hin- und herüberdrängte.

Auch Wallenstein überwand hier während des 30jährigen Krieges das Flußhindernis; ob er auch Quartier bezog, ist nicht überliefert. 30 Fährleute waren am Zollenspieker ständig im Einsatz.

Die von Lüneburg kommenden Salzschiffe verließen die Ilmenau genau gegenüber von Zollenspieker. Bevor sie ihren Weg auf der Elbe fortsetzten, wurden sie zur Zollkasse gebeten, die erst 1863 aufgelöst wurde. Gleichzeitig setzte von Hamburg aus – besonders während der Erdbeerzeit – ein verstärkter Ausflugsverkehr ein, der durch eine neue Dampferanlage begünstigt wurde. Zollenspieker hat manchen prominenten Gast erlebt. So feierte 1823 die Schwester Heinrich Heines hier ihre Hochzeit, der dichtende Bruder nahm – arg unter Liebeskummer leidend – daran teil.

Hier wurde auch seit alters der Zollenspieker Markt abgehalten, früher das größte Fest in Vierlanden. Selbst aus der weiten Nachbarschaft rückten Besucher an. Die Kinder hatten schulfrei. Dieses im letzten Septemberdrittel stattfindende Volksfest diente in früheren Zeiten nicht ausschließlich dem Vergnügen. Hier wurde auch nach der Höhe der Ernteeinnahmen für den bevorstehenden Winter eingekauft. Bei den Tanzveranstaltungen mußten die Männer noch bis in die neuere Zeit die Tänze einzeln bezahlen. Die legendäre Krebssuppe mit kleinen Fleischklößen, die aus der Suppe herausragen müssen, gibt es heute noch. Seit 1973 ist der Spieker Markt verlegt, er findet jetzt auf dem ehemaligen Bahnhofsgelände am Sülzbrack statt.

Geblieben sind auch der sommerliche Ausflugsverkehr und der Fährbetrieb mit der »Flora« zur anderen Elbseite nach Hoopte. In Klockmanns Kaffeegarten unter gewaltigen Baumkronen lassen sich Mittagessen und Kuchen behaglich genießen. Weit geht der Blick auf die Elbe, auf der Schiffe und Menschen und die Zeit langsam vorbeiziehen.

Bildpostkarten entsprachen um die Jahrhundertwende dem heutigen Griff zum Telefon. Da die Adresse oft die ganze Rückseite einnahm, schrieb man seine Grüße auf die Bildseite.

Im Archiv gestöbert...

Berichte über Hamburg aus dem 18. und 19. Jahrhundert zeigen ganz deutlich, daß die Vierländer in ihrer Tracht auf den Märkten Hamburgs immer wieder ein besonderer Anziehungspunkt gewesen sind und selbst die beste Werbung für ihre angebotenen Waren, Blumen, Obst und Gemüse, darstellten.

Der Schriftsteller J. H. Schulz schreibt 1808 über sie: »Die Bewohner der Vierlande sind ein ganz besonderer Schlag Mensch. Sie zeichnen sich durch ihre sonderbare Kleider-Tracht sowohl als durch mehrere, ihnen ausschließlich eigene Sitten und Gebräuche aus und scheinen ein von ihren übrigen Nachbarn ganz verschiedener Völker-Stamm zu seyn. Uebrigens kann man sich kein industriöseres Völkchen denken als die Vier-Lander, und man muß wirklich ihren stets regen Spekulations-Geist bewundern. Da gibt es, außer den von ihnen selbst erzeugten Produkten, als Getreide, Gemüse aller Art, Früchten, besonders Erd-Beeren (von welchen jährlich mehrere tausend Pfund in Hamburg und den umliegenden Gegenden verspeist werden), außer einer Menge von Blumen und Kräutern noch viele andere Artikel, mit denen sie einen Handel treiben. So bringen sie z. B. frischen und geräucherten Elb-Lachs, Neun-Augen (Brikken), gemästete Gänse, Enten und Kapaunen und eine Menge fetter Kälber und Schweine zum Verkauf. Selbst bis nach Leipzig zur Messe ziehen sie mit Lachs und Neun-Augen und versorgen die dortigen Italiener-Keller mit diesen Leckereien. Außerdem sind mehrere Vier-Lander in Hamburg für beständig ansässig, die alles, was zum Lebensbedarf gerechnet wird, aufkaufen und mit bedeutendem Vortheil vereinzeln...«

Durch historische Texte und alte Bildpostkarten wird die Vergangenheit in ihrer ganzen Farbigkeit lebendig.

Seit etwa 1895 wurden teilweise kolorierte Bildpostkarten als allgemeine Benachrichtigung durch die Landpost von Dorf zu Dorf verschickt. Sie dienten wie der heutige schnelle Griff zum Telefon dazu, Verabredungen zu treffen und Verbindungen aufrechtzuerhalten. Oft ist der handschriftliche Text auf der Bildseite zu finden, da die Adresse die ganze Rückseite einnahm. Alte Postkarten haben nicht nur einen Sammlerwert, sie sind auch wichtige Dokumente: Sie geben dem Beschauer Einblick in Landschaften und Lebensweisen ihrer Bewohner und geben Aufschluß darüber, wie Architektur und Verkehrswege sich verändert haben.

Mit unkonventionellen Methoden hat Peter Holster den Rhabarber populär gemacht. Er brachte Hamburgs Hausfrauen auf den Geschmack und vielen Gemüsebauern gutes Geld.

Am Rhabarberbock werden die sauren Stangen geschnitten, gebündelt und versandfertig gemacht.

Saures Silber – Der Rhabarber

Diese Pflanze war wohl eine der bekanntesten und auch beliebtesten in Vierlanden. Bei günstiger Witterung brachte sie den Gemüsegärtnern schon Ende März die ersten Einnahmen nach dem Winter.

1848 hat Peter Holster von Kirchwerder Warwisch den Rhabarber aus England dort eingeführt. Gleichzeitig aber kam es darauf an, in Hamburg die Nachfrage nach diesem Obst zu wecken. Peter Holster nahm fertig gekochtes Kompott mit in die Stadt und ließ – ganz so wie es heute noch die Supermärkte machen – die Hausfrauen probieren. Das Resultat: 1907 wurden 442 000 Zentner erzeugt und verkauft, teilweise weit über Hamburgs Grenzen hinaus. Marmeladenfabriken holten die saure Stangenfrucht waggonweise ab. Allgemein wurde der Rhabarber zu 15 oder 20 Stengeln pfundweise gebunden am Rhabarberbock, einem hölzernen Gestell zum Bündeln, zum Verkauf feilgeboten.

Um eine möglichst frühe Ernte zu erzielen, wurden im Winter die Rhabarberfelder mit Rhabarberkästen überbaut, die so groß waren, daß sie bis zu 12 Öfen aufnehmen konnten.

Mit Heizen, Entaschen und Heranschaffen von Heizmaterial hatte ein Mann ständig alle Hände voll zu tun. Diese Kästen waren improvisierte Verschläge aus Pfählen, Brettern, Pappdach und Schornsteinen, ihre Höhe betrug nicht mehr als 1,40 m. Es wurden aber auch ausgestochene Rhabarberköpfe in Treibkuhlen und -kellern bei Wärme und Feuchtigkeit aufgezogen. Rosafarben und gelbblättrig kam er dann auf den Markt. In der Zeit davor wurden Heringstonnen nach dem Winter über den Rhabarber gestülpt und dadurch die Ernte ebenfalls vorverlegt. An Einfällen und Phantasie fehlte es jedenfalls den Vierländern nicht, wenn es darum ging, der Jahreszeit ein Schnippchen zu schlagen.

Noch vor einer Generation gab es den groben und sauren Freilandrhabarber mit Stangenlängen bis zu einem Meter. Heute ist nur noch eine Sorte bekannt, es ist die Rhabarber-Marke »Vierländer Blut«. Der Bedarf ist stark rückläufig, denn heute stehen für den Küchenzettel preiswerte exotische und weniger Zucker erfordernde Früchte zur Verfügung.

Viele Helfershände beförderten Kiepen und Körbe mit den empfindlichen Waren zu den Marktständen des Hamburger Hopfenmarktes.

Kommissionäre mit ihren Waren am Hamburger Markt

Linke Seite: Die hölzernen Ewer waren noch vor 80 Jahren Haupttransportmittel in den Vier- und Marschlanden, nicht nur für die Gemüse- und Blumenbeförderung. Auch die Familie wurde gelegentlich zum Verwandtschaftsbesuch über die Elbe geschippert.

Höker und Handel – Von der Erdbeere bis zum Blutegel

1693 werden 'de Grönhöker ut Veerlannen' als Markt- und Handelsleute zum ersten Mal erwähnt. Seit dieser Zeit sind sie wichtig für die Versorgung der Stadtbevölkerung Hamburgs geworden. Die »Grönhöker« handelten mit Gemüse, Obst, Bohnen und Erdbeeren, deren Anbau gerade begonnen hatte.

100 Jahre später beherrschten die Vierländer bereits mit ihren Spezialitäten den Hamburger Markt.

Die Waren wurden in Weidenkörben zu Markt gebracht.

Oft wurden die besten Früchte nach oben gelegt; es wurde »gespiegelt«, hieß es damals; eine Unsitte, die sich bis heute gehalten hat. Neben dem Gemüsehandel auf dem getrennt eingerichteten Blumenmarkt entfaltete sich ein lebhafter Blumenhandel. Die Gemüsehallen und die Blumenhalle lagen nicht weit voneinander entfernt in der Nähe des Hauptbahnhofs. Vom Gärtner forderte der Verkauf seiner Ware einen ziemlichen Aufwand an Zeit. Daher übernahm häufig ein Verwandter oder Nachbar den Verkauf der Produkte. So entwickelte sich bereits im 18. Jahrhundert ein Kommissionshandel. Der Kommissionär (wörtlich: Beauftragter) war meist selbst Vierländer und wohnte die Woche über in Hamburg (Hamborgfohrer). Dort übernahm er die angelieferte Ware und verkaufte sie. Am Wochenende ging er dann nach seiner Rückkehr von Haus zu Haus und rechnete mit den Lieferanten ab.

Dieser Kommissionshandel ist heute nur noch teilweise erhalten; aus den ehemaligen Kommissionären sind Großhändler geworden, die ihre Waren beim Erzeuger einkaufen, meist auch selbst abholen und auf eigenes Risiko zum Markt bringen. Die vielen Körbestapel an den Deichen, die zum Abtransport bereitgestellt wurden, sind daher heute nicht mehr so umfangreich. Daneben aber existiert noch immer eine große Anzahl von Betrieben, besonders Blumengärtnereien, von denen der Inhaber oder seine Frau persönlich die eigenen Produkte verkaufen. Morgens früh um 2.00 Uhr heißt es für sie aufstehen, Blumen einpacken und abfahren, um rechtzeitig da zu sein.

Mit dem wachsenden Ausflugsverkehr sieht man daneben immer häufiger auch kleine Stände an der Straße vor dem Haus, wo Blumen, aber auch Obst und Gemüse unmittelbar verkauft werden. Mit sinnreichen Erfindungen wie z. B. einem Spiegel kann der Straßenrand überwacht werden, wenn die Familie im Hause ist. Finden sich Kunden ein, dann werden sie sofort bedient. Daß sich an diesem Handel die ganze Familie beteiligt, ist selbstverständlich.

Bis zum Ende des letzten Jahrhunderts noch gab es in den Vierlanden kaum Straßen, die für einen stärkeren Verkehr, vor allem für größere Wagen, geeignet gewesen wären. Die Deiche selbst waren auf ihrer Krone nicht befestigt und konnten oft kaum befahren werden.

So blieb für die Vierländer nur der Wasserweg nach Hamburg. Auf der Stromelbe, der Dove-, sowie der Goseelbe verkehrten anfangs die bekannten Ewer, große hölzerne Kähne, die offen waren und nur einen Mast mit Fock- und Gaffelsegel hatten. Sie nutzten die Gezeitenströme und den Wind für ihre Fahrten und benötigten in der Regel etwa einen Tag für die Fahrt nach Hamburg und zurück. Die Gärtner mußten ihre Produkte zu den Anlegestellen bringen, wo sie dann verladen wurden. Man verwendete meist runde Körbe, die während des Winters aus Weiden geflochten wurden. Schaupackungen mit hohem Boden oder Leerräumen im Karton sind keine Erfindung unserer Zeit: Schon die Vierländer Körbe hatten einen nach oben gewölbten Boden, so daß das Volumen des Inhalts größer erschien, als es tatsächlich war.

Die Vierländer Ewer verkehren noch bis in die 30er Jahre unseres Jahrhunderts. Seit 1900 allerdings wurden die ersten Fahrzeuge mit Motoren ausgerüstet und waren nun nicht mehr auf Strömung und Wind angewiesen. Seit ihrer Einführung konnten sich die Vierländer auf einen Fahrplan einstellen und ihre Waren bereithalten. Die Fahrzeit betrug nun nur noch ca. 2 bis 3 Stunden abends zum Hamburger Markt. Am nächsten Tag kehrten die ›Schipper‹ dann zurück, um das Leergut zurückzubringen und ihre nächste Fracht zu übernehmen. Am Zielort, meist dem Hamburger Hopfenmarkt, suchten sich die Fuhrleute dort wartende Gelegenheitsarbeiter zum Entladen. Natürlich wurde auch hier wieder mit der Dracht, dem Trageholz über den Schultern, und der Schubkarre gearbeitet.

Seit 1861 gab es bereits mit den Lauenburger Raddampfern eine Dampfschiffahrtsverbindung, die von den Betrieben an der Elbe ebenfalls zum Warentransport nach Hamburg genutzt wurde. Die etwas später (1865) in Dienst gestellten kleineren Raddampfer ›Flora‹ und ›Maiblume‹ der ›Vierländer Dampfschiffahrtsgesellschaft‹ verkehrten auf der Dove-Elbe und verbanden Neuengamme-Curslack mit Hamburg. Sie hatten ebenso wie die Lauenburger Dampfer zusätzlich eine erhebliche Bedeutung für den Personenverkehr.

Mit dem Bau der Schleusen (1925 Reitschleuse, 1930 Krapphofschleuse) endete dieser Verkehr; die Verlandung der Flüsse ließ größeren Schiffsverkehr nicht mehr zu. Selbst die Schleppbarkasse ›Anna‹, die Schuten nach Hamburg schleppte, mußte damals ihren Dienst einstellen.

Wenn winters ein Schiffstransport nicht möglich war, machten sich sogar einige Gärtner, vor allem aus dem näheren Kirchwerder, auf, ihre Erzeugnisse mit Schubkarren zum Hamburger Markt zu bringen.

Die außerordentliche Mühe wurde mit guten Preisen belohnt, da das Angebot in solchen Zeiten sehr knapp war.

Eine wesentliche Verbesserung erfuhr der Verkehr nach Hamburg durch die Eisenbahn. Die Eröffnung der Linie Hamburg-Bergedorf 1842 brachte vor allem den Betrieben in Curslack und Neuengamme Vorteile, die aber erst nach Befestigung der Deiche voll genutzt werden konnten.

Der Anschluß nach Berlin in demselben Jahr eröffnete den Vierländern einen wichtigen Markt. Zeitweise gingen täglich mehrere Eisenbahnwaggons Vierländer Erzeugnisse nach Berlin. Im Jahre 1906 wurden beispielsweise tagtäglich 6 bis 8 Waggons voll Erdbeeren von Bergedorf aus nach Berlin abgefertigt. Durch die Bahn wurden auch andere Orte bis nach Kiel und Hannover schon damals Absatzgebiete für Vierländer Erzeugnisse.

Die Eröffnung der Privatbahnlinien Bergedorf-Geesthacht, Bergedorf-Zollenspieker, Hamburg-Zollenspieker und Zollenspieker-Geesthacht brachten nur kurze Zeit bessere Transportmöglichkeiten.

Nach dem Ausbau der Straßen und dem Aufkommen des LKW-Verkehrs konnten bald Lastwagen von Haus zu Haus fahren und die bereitgestellten Waren abholen.

Traditionsgemäß hießen die Fuhrunternehmer noch 30 Jahre lang »de Schipper«, obwohl längst jeder Güterverkehr zu Wasser aufgegeben und die Lauenburger Dampfer zu reinen Ausflugsschiffen geworden waren.

Anfang vorigen Jahrhunderts entdeckten Ärzte und Wunderheiler, daß Blutegel gegen fast alle Arten von Gebrechen durch das Absaugen von Blut wahre Wunder vollbringen konnten. Die Vierländer hatten Pferde, Wagen und Mut und erkannten überdies die Chance, durch das Heranschaffen dieser Tierchen viel Geld zu verdienen.

Ostern ging es los, weit nach Rußland hinein, bis an die Wolga und zum Ural, und erst im November waren »de Russen«, wie sie genannt wurden, zurück. Es fuhren immer mehrere Planwagen im Konvoi vorbei, Dolmetscher, Köche, Handwerker und Heilkundige waren mit von der Partie. Das Unternehmen finanzierte sich nach einem Aktiensystem mit Gewinnbeteiligung. Gefangen wurden die braun-grünen Blutegel von russischen Frauen, die ins Wasser gingen und sich dort bewegten. Sofort drängten sich diese von der Natur benachteiligten Wesen herbei und saugten sich an. Vor dem Festsaugen mußten sie abgestreift werden. Ein Blutegel kann durch Vollsaugen sein Körpergewicht verfünffachen und gut ein Jahr ohne Nahrung auskommen.

Beim Transport – in Leinen- oder Lederbeutel – wurden sie in feuchten Torf gelegt, es mußte dann nur für Frischwasser und Sauerstoff gesorgt werden, im Hochsommer und bei Gewitterluft ein zeitraubendes und verlustreiches Unterfangen. Nach der Rückkehr wurden die Tiere in Egelteiche – »Ihlendiken« – gesetzt und je nach Bedarf und Marktlage verkauft.

Der Handel mit den Blutegeln dauerte bis zur Jahrhundertwende – seine Blütezeit hatte er in den Jahren von 1813 bis 1865. Gute Zeiten brachten einen bis zu sechsfachen Gewinn. Der Genealoge Harald Richert hat 168 Blutegelhändler aus Vierlanden nachweisen können, 80 davon allein aus Kirchwerder. Nicht alle sind zurückgekommen von diesen Touren, sie erlagen dem Abenteuer und den Strapazen der Reise oder ehelichten eine echte Russin.

Ereignis im langen Winter – Die Hausschlachtung

Die Kinder freuen sich das ganze Jahr auf das Schlachtfest, an dem allenthalben die Nachbarschaft regen Anteil nahm. Aufregend war es, wenn der Schlachter das meist einzige Schwein schlachtete und die Schweinehälften zum Ausbluten und Abhängen auf die Leiter band. Auch für die Zerlegung, Weiterverarbeitung und Wurstherstellung war der Hausschlachter zuständig. Seine Arbeit war getan, wenn die fertigen Würste unter der Decke baumelten, die dann als Vorrat fürs ganze Jahr dienten.

Noch spät bis in die fünfziger Jahre hatte man sein Schwein im Stall, und wenn es groß und fett war – manche Schweine erreichten immerhin ein Gewicht bis zu vierhundert Pfund –, wurde der Schlachter gerufen.

Dieser war meist nur nebenberuflich Hausschlachter und verdiente im Sommer sein Geld als Maurer oder Gärtner. Da es noch keine Tiefkühltruhen gab, mußte die kalte Jahreszeit abgewartet werden, um ein Verderben des Frischfleisches zu verhindern.

Darüber hinaus wurde nach altem Brauch der Rauch während der Heizperiode zum Räuchern benutzt.

Die »Räucherkammer« auf dem Boden hatte eine Öffnung zum Schornstein. Wenn nun die Dachklappe und die Schornsteinklappe geöffnet wurden, zog der Rauch durch die Räucherkammer hindurch und konservierte die Schinken und Würste.

Das beste Holz für die Rauchentwicklung war Buchenholz, das über glimmernde Kohle oder Torf gehäuft wurde.

Die Hausschlachtung war ein Fest für die ganze Nachbarschaft, manchmal sogar mit Musikbegleitung. Heute bestellt man das zerlegte Schwein beim Schlachter.

Nachdem das Schwein getötet worden war – in späteren Zeiten mit Hilfe von Bolzenschußgeräten –, mußte der Fleischbeschauer die Qualität des Fleisches prüfen.

Er entnahm kleine Proben aus dem geöffneten Schwein und untersuchte diese mikroskopisch auf Trichinen und andere Krankheitskeime.

Erst mit seinem Stempel war das Fleisch für die Weiterverarbeitung freigegeben.

Wer heute selbst schlachtet, kauft sich ein halbes oder ein ganzes Schwein und läßt es beim Schlachter zerlegen. Die Hausschlachterei früherer Zeiten findet nur noch selten statt.

Heute wär's eine Bürgerinitiative

Wieder stand die Herbstdeichschau bevor. In den Gaststätten, an den Dampferanlegestellen, aber auch in Flett und Döns gab es nur ein Gesprächsthema: die Deiche und deren Zustand. Der Herbst hatte früh eingesetzt mit Sturm und Regen, die Deichwege waren völlig aufgeweicht. Tiefer Morast und fast grabentiefe Pfützen machten ein Passieren beinahe unmöglich.

Von der zeitraubenden Deichausbesserung während des Sommers waren jedenfalls kaum noch Spuren vorhanden. Es mußte etwas geschehen. Der Senat, nahm man sich vor, sollte einen handfesten Denkzettel verpaßt bekommen. Und wenn in der Wirtschaft am großen runden Tisch die richtigen Mannsleute zusammensaßen, dann machte man nicht nur Vorschläge, sondern es erklärten sich auch einzelne Männer bereit, etwas zu riskieren. Einer dieser Männer war Tönnis Heitmann aus Neuengamme.

Am Tage der Deichschau stand er in Tracht auf dem Deich und hielt eine Angel in der Hand. Die Pose schwamm in einer gewaltigen Pfütze. Der Senat nahte, zum Teil vierspännig, denn so viele Pferdestärken brauchte es schon, um hier durchzukommen. Aber weiter kamen sie nicht. Unmittelbar vor Tönnis Heitmann mußte der erste Wagen halten, denn vor den Pferden baumelte ein Hering in der Luft, den Tönnis an der Angel hielt. Die restlichen Wagen kamen auch zum Stehen. Ein Senator sprang forsch aus dem Wagen, um zu sehen, wer da den hohen Zug aufhielt, zumal die meisten

Stolze Besitzer der ersten Autos in Vierlanden waren noch auf Pferdestärken angewiesen, denn für einige Deiche gab's Fahrverbot.

Wageninsassen wohl auch mehr auf das Mittagsmahl bei Fölsch – heute Klockmann – erpicht waren als auf die Lösung des anstehenden Problems. Dem sportlichen Senator erstarb jedoch jedes zurechtweisende Wort auf der Zunge, stand er doch plötzlich in fast knietiefem Morast. Tönnis Heitmann löste inzwischen den Fisch von der Angel und fing dann an, sich auf den Heimweg zu machen. Auch er mochte ans Mittagessen denken. Jedes Wort war hier überflüssig. Während die Kutschen der Senatoren festsaßen und der Zug der Deichschau kaum wieder in Gang kam, stapfte Tönnis Heitmann mit schweren Schritten davon.

Idylle am Elbdeich

Wohnen und arbeiten unter einem Dach

Die alte soziale Unterteilung der bäuerlichen Bevölkerung in Hufner (Bauern) und Kätner (Kleingärtner) sowie »Inwohner« (ländliche Arbeiter oder Familien ohne eigenen Grundbesitz) hat in den Vierlanden nie zu einer strengen Abgeschlossenheit der Stände untereinander geführt.

Die bäuerliche Architektur entwickelte sich aus den Lebensgewohnheiten der Landbevölkerung und aus den jeweiligen klimatischen Gegebenheiten. So schufen die Vierländer und Marschländer Bauern hinter den schützenden Deichen ihre Hofanlagen mit den großen Niedersachsenhäusern. Sie vereinigten Stallungen, Wohnungen und Vorratsräume unter einem Dach. Das Niedersachsenhaus ist siedlungstechnisch gesehen ein Wohn-Stall-Haus.

Neben dem eigentlichen Bauernhaus, der Hufnerstelle, steht das sehr viel kleinere Haus des Kätners und des Altenteilers nicht als verkümmerte Form des stattlichen Hufnerhauses, sondern als wirtschaftliche und sinnvoll gestaltete Ergänzung.

Das Leben ging in den alten Bauernhäusern vom Mittelpunkt des Hauses, vom Herdfeuer aus. Auf dem »Flett«, der großen Wohn- und Arbeitshalle, die zu den Stallungen hin offen war und bis unters Dach reichte, kann man bei einigen alten Häusern noch die gepflasterte Feuerstätte erkennen. Der Rauch zog ohne Schornstein durch das Gebälk des Hauses ab.

Er konservierte es und räucherte gleich noch die Fleischwaren.

Die Flamme auf der offenen Herdstelle stand unter ständiger Kontrolle der Hausfrau oder der Magd. Um deren Arbeit zu vereinfachen, wurde der »Dingn« an der Rückwand des Fletts eingerichtet. Dieser Herdplatz hatte gemauerte Hinter- und Seitenwände mit einem Rundbogen und einer durchbrochenen Holztür. Die Verlegung der Feuerstelle an die Rückwand hatte auch seine gesellschaftlichen und sozialen Auswirkungen. Hatten sich früher an kalten Abenden Bauersfamilie, Knechte und Mägde um das Herdfeuer versammelt, so ging die Familie jetzt in die mit dem »Bilegger«-Kachelofen beheizte »Döns«, und das Gesinde blieb im Flett beim Feuer des »Dingn«.

Noch um 1900 mußten Fußgänger und Radfahrer an der Gose-Elbe Brückengeld löhnen.

Schiefe Brücke zwischen Curslack und Neuengamme

Die Döns wurde der Wohnraum des Hauses. Sie hatte mehrere Funktionen zu erfüllen. Sie war Aufenthalts- und Schlafraum und Gastzimmer bei Familienfesten. Gemessen an heutigen Wohnmaßstäben waren die Räume winzig, wie etwa die »Groot Döns« im Rieckhaus. Dem heutigen Besucher des Freilichtmuseums erscheint die Nutzungsvielfalt der Döns fast unglaublich.

Da der Vierländer Bauer sehr lichthungrig war, befand sich die Döns meist in der Ecklage des Hauses. So waren etwa zwei Drittel der Außenmauer Fensterfläche. Außen unter den Fenstern hingen die heruntergeklappten Fensterläden.

Die Ausstattung der Räume war zwar zweckgebunden, zeugte aber zugleich vom Besitzstand der Bewohner.

Die Wände der Döns waren mit blauen oder braunen Delfter Kacheln bedeckt, die meist biblische Motive zeigten.

Mittelpunkt der Döns war der schwere »Uttrecker-Tisch«. Dieser äußerst kräftige Ausziehtisch hatte häufig ein Gewicht von 2 Zentnern und bot 20 Gästen und mehr Platz.

Was aber die Vierländer Stube von denen in anderen Landschaften unterscheidet, ist die Ausschmückung mit Intarsien, die heute noch in einigen alten Häusern zu finden sind. So gibt es reich verzierte Stühle mit Namen und Jahreszahl, die dem Intarsientischler bei Anlässen wie Hochzeit oder Kindtaufe in Auftrag gegeben wurden. Besonders prächtig sind die Intarsien an der Bettenwand; diese – aus hölzernen Schiebetüren bestehend – verbirgt tagsüber die »Kützbetten«, feste Wandbetten, die uns heute recht kurz anmuten.

Zu Anfang dieses Jahrhunderts gaben die beiden Vierlanden-Maler Hermann Haase (1862–1934) und Hans Förster (1885–1966) als Reproduktionen ihrer Arbeiten farbige Künstler-Bildpostkarten heraus.

Hermann Haase war zugleich Maler und Volkskundler. Sein umfangreiches Werk, über 1500 fotografisch genaue Aquarelle zum Thema »Tracht, Haus und Hof der Vierländer«, hat auch großen dokumentarischen Wert.

In den Farbholzschnitten von Hans Förster ist deutlich der Einfluß des Jugendstils mit seinen fließenden, bewegten Linien und den klaren Formen der japanischen Kunst erkennbar.

Auch er bevorzugte Motive aus dem Vier- und Marschländer und dem Finkenwerder Raum.

Chronik – Vom frühen Mittelalter zur Neuzeit

1100	Die ersten Ländereien der Vierlande werden eingedeicht
1142	Erste Besiedlung
1188	Altengamme erstmals erwähnt
1212	»Als neue Insel« wird Neuengamme bezeichnet. Kirchwerder wird erwähnt, der Kirchenbau hat also vorher stattgefunden
1216	Zollstätten Eßlingen und Kraul in einer Urkunde verzeichnet
1217	Kureslacke in einer Urkunde erwähnt
1228	Elbdeiche werden genannt
1251	Altengammer Kirche erbaut
1252	vermutlich früher schon wurde die Riepenburg erbaut, 1508 erfolgt der Abbruch
1254	Kirche Ochsenwerder erwähnt
1316	Erster Pastor in Neuengamme
1334	Kätner das erste Mal erwähnt
1351	Kirchen in Allermöhe und Moorfleet werden genannt
1385	Billwerder kommt zu Hamburg
1395	Hamburg erwirbt Ochsenwerder Spadenland, Tatenberg und Moorwerder
1420	Hamburg und Lübeck verwalten Bergedorf und Vierlanden gemeinsam
1471	Dove-Elbe abgedämmt. Gose-Elbe schon zwischen 1314 und 1344
1482	Verbindungsdeich zwischen Altengamme und Neuengamme
1492	Verbindungsdeich zwischen Kirchwerder und Neuengamme
1535	Verkaufsstände der Vierländer vom Rathaus zu »biden muren« verlegt
1556	»De veer Kerspell«. Die Vierlande; erste Erwähnung
1568	Curslacker Heerweg erbaut
1570	171 Hufner und 170 Kätner in Vierlanden
1595	Erste Wasserschöpfmühle
1600	Bevölkerung in den Vierlanden: 3100 Personen
1602	14. 2. Pastorenbrack in Ochsenwerder entstanden
1603	Die Curslacker St. Johannes-Kirche erbaut (vergrößert und renoviert?)
1620	Die Lüneburger überfallen die Vierlande wegen der abgedeichten Dove-Elbe
1621	Die ersten schweren Auswirkungen des 30jährigen Krieges
1643–44	Erbauung der Blauen Brücke zwischen Curslack und Neuengamme
1644	Fersenweg wird als »Fernster Weg« bezeichnet 143 Hufner und 242 Kätner in Vierlanden
1646	Pfarrhaus in Kirchwerder abgebrannt
1674	Kirche und Pastorat in Ochsenwerder erbaut
1680	Kirche in Moorfleet erbaut
1693	Erste Erdbeeren auf dem Markt
1700	Vierlanden hat 4450 Einwohner
1709	Erster Zollenspieker Markt
1712	Die Pest wütet 2 Jahre in Vierlanden
1731	Am 2. Pfingsttag Großfeuer in Altengamme
1739	Billwerder Kirche erbaut
1740	Erster Kartoffelanbau
1771	8. Juli Deichbruch in Neuengamme. Vierlanden mehrere Wochen unter Wasser
1780	Erste Schraubenwassermühle in Reitbrook
1790	Die ersten Mistbeetkulturen
1795	Himbeere in einem Amtsprotokoll erwähnt
1797	Erster Bericht über Vierländer Stubenküken
1803	Großfeuer in Curslack
1806–13	Wirtschaftliche Not durch Kriegswirren
1806	Zwangsweiser Anbau der Zuckerrübe
1825	4. Februar, hohe Sturmflut, Deichbrüche
1830–65	Blutegelhandel der Vierländer nach Rußland
1844–45	Strenger Winter. Elbschifffahrt vom 4. Dezember – 3. April gesperrt
1853	Erste Landpost in den Vierlanden

1855	1. und 2. Januar Sturmflut. Zwei Deichbrüche in Warwisch
1857	Der erste eiserne Pflug in Vierlanden
1858	37 Störe und 117 Lachse bei Altengamme gefangen
1861	Reederei Hugo Basedow (Burmester) gegründet
1862	Bergedorfer Zeitung erscheint
1865	Die Schiffe »Flora« und »Maiblume« verkehren zwischen Neuengamme-Curslack und Hamburg
1867	Vierlanden und Bergedorf unter hamburgischer Alleinverwaltung
1870–90	Große Maiblumenkulturen
1873	Brücke zwischen Curslack und Neuengamme niederwärts
1876	Erste Steinschüttungen zur Festigung der Elbdeiche
1877	Gründung der Freiwilligen Feuerwehr Kirchwerder-Nord
1880	Erster Tomatenanbau in Zollenspieker
1888	Erste Dampfentwässerungsmühle in Reitbrook
1892	Cholera in Kirchwerder Kraul, Zollenspieker Markt fällt aus
1899	Dritte Brücke zwischen Neuengamme und Curslack (Kirchenbrücke) errichtet
1900	9500 Einwohner in Vierlanden
	Die ersten Feldbahnen werden gebaut
	Obstbaumzählung ergibt 142 147, 1933 nur noch 60 388 Bäume
1901	28. November Gründung des Vereins für Vierländer Kunst und Heimatkunde
1903	28. Juni Großfeuer in Altengamme, 17 Gebäude zerstört
	8. Juli Großfeuer in Curslack, sieben Wohngebäude zerstört
1904	Schiefe Brücke mit Landweganschluß dem Verkehr übergeben
1906	Sülzbrack zugeschüttet, Fläche 10 ha
1907	Vom Kraul nach Hamburg werden 15 926 große und 129 319 kleine Kiepen befördert
1910	4. November Erdgasflamme von Neuengamme
1911	Billwerder Kirche abgebrannt Gartenbauversuchsanstalt Fünfhausen eingeweiht
1912	1. April Eisenbahnverbindung Bergedorf-Zollenspieker (bis 1952)
	In Altengamme zwei Ziegeleien und zwei Konservenfabriken
1914	3. Juli Großfeuer in Kirchwerder Hitscherberg, 13 Wohnhäuser abgebrannt
1920	2. November Großfeuer in Zollenspieker, 16 Wohnhäuser vernichtet, 30 Familien obdachlos
1921	12. Mai Betriebseröffnung der Hamburger Marschbahn nach Zollenspieker und Geesthacht
1923	Inflation; Postkarte und Brief mit je 5 Milliarden Rentenmark frankiert; ein Brot kostet 126, ein Ei 20 Milliarden Rm.
1926	Ent- und Bewässerung fertig
1927	19. Februar erster Autogemüsetransport nach Hamburg
1928	Grundwasserwerk in Curslack erbaut
	ab 8. und 9. September elektrische Straßenbeleuchtung am Heerweg, Landweg und Neuer Deich
1929	Sehr kalter Winter, am 10. Januar –25°
1934	15. April Gammer Weg dem Verkehr übergeben
1936	Vierlanden hat 11 500 Einwohner
1937	1. Erdölbohrung in Reitbrook
1938	Baubeginn des Konzentrationslagers in Neuengamme. Im Laufe des 2. Weltkrieges wurden hier ca. 100 000 Häftlinge aus 26 Nationen registriert, von denen nicht einmal die Hälfte den Hunger und die Qualen überlebten.
1938	Groß-Hamburg-Gesetz
1939	Laut Volkszählung vom 17. 5. nun 19 545 Einwohner
1946	Gründung des A.-Lichtwark-Ausschusses, benannt nach dem Kunsthistoriker Alfred Lichtwark (1852 in Reitbrook geboren, 1914 gest.), der sich als Direktor der Kunsthalle, als Kunstpädagoge und großer Förderer der Künstler der Stadt Hamburg einen Namen machte.
1948	Errichtung eines 203 m hohen Sendeturms in Moorfleet
1951	Laut Volkszählung vom 11. 5. nun 29 143 Einwohner
1952–54	Stillegung der Marschenbahn
1961	Laut Statistik nun 28 655 Einwohner
1970	Laut Statistik nun 25 092 Einwohner
1975	Laut Statistik nun 23 271 Einwohner
1980	Laut Statistik nun 23 763 Einwohner
1980	Bau eines Dokumentenhauses auf dem Gelände des ehemaligen KZ in Neuengamme

Im Wechsel der Jahreszeiten

Die weitgedehnte Ebene der Marsch ähnelt heute wie eh und je einer Wasserfläche. Aus dem Wasser ist dieses Land herausgewachsen und vom Elbwasser im Zusammenspiel mit dem Gezeitenwasser aufgeschichtet worden.
Die Atmosphäre mit ihren Wasserbildern prägt mit die Stimmungen der Marsch. Da sind die kurzen Nebeltage zwischen Herbst und Winter, wo es selbst um die Mittagszeit die Sonne gegen die Tropfnässe schwer hat und es dann aufgibt. Im Hochsommer blauen die Geesthänge am Horizont tagelang vor sich hin, bis dieses Blaugrün von

Eine von Menschenhand geprägte Landschaft. Natur und Architektur bilden eine Einheit, wie hier bei der Rußmühle in Curslack.

einer Gewitterstimmung abgelöst wird und auch die Farben dann zwischen Wiesen und Weiden aquarellähnlich verlaufen. Dann gibt es Regentage mit nur wenig Farben, die alle aus dem Grautopf kommen. Der Nordwest umtost die großen Wolkenformationen, die noch den Atem des Meeres in sich haben. Der weite Horizont der Elbmarsch verschafft dem Auge, dem Wind und den Wolken Raum.
Der Himmel ergeht sich in Farbenspielen, die mit breitem Pinsel und schneller Hand hingesetzt scheinen und nie fertig werden.
Es gibt aber auch die stillen Wintertage mit ihrer zeitlosen Weite. Die Struktur der Gartenländereien vereinheitlicht sich unter der weichen Schneedecke, die Treibhäuser strömen mit ihren Schneelasten, Eisblumen und fehlenden Scheiben Ruhe aus. Nur hier und da entsteigen den Schornsteinen blasse Rauchwolken als Zeichen vom Kampf zwischen Kälte und Mensch. An der Elbe ist das leise Dauerknirschen der sich drehenden Eisschollen zu hören, die Autos auf dem Deich bewegen sich lautlos.
In hellem, glasigen Grün ist die Ferne wie gefroren. Geborgenheit vermitteln die hinter dem Elbdeich dösenden Reetdächer, besonders, wenn sich das schützende Geäst von Linden, Eschen oder Obstbäumen vor ihnen ausbreitet. Im Kontrast dazu quillt aus den Treibhäusern schon Frühlingsgrün mit bunten Farbtupfern. Dazwischen sind helle Kinderstimmen beim Rodeln zu hören.
Einige Wochen später züngelt an Deich und Gräben schon flammendes Rot der Grasfeuer; die Tage sind wieder voller Licht und Gerüche. Es ist Stiefmütterchenzeit. Zugvögel kehren zurück, das Baumfiligran wird dichter, Vorgärten und Ländereien sind wieder mit Leben erfüllt, das Blütenfest bereitet sich vor. Außendeichs und an den Bracks raunen sich die Schilfwälder ihre Geheimnisse zu. Kopfweiden ragen daneben auf. Es riecht nach Elbe, ihr Wasser glitzert. Im Feld reihen sich Äcker und Wiesen aneinander, getrennt von den Bändern der Gräben und Wasserfurchen, in denen sich Eichen und Erlen spiegeln.

Kiebitze schießen im Gaukelflug dahin, und Himmelsziegen und andere Schnepfen quirilieren. Dann, in der Heuzeit, als Boten des Sommers die ersten Erdbeeren. Die Wischen und Ufer sind voller Wildblumengeheimnisse. Reizvoll der Blick von Deich zu Deich – zwischen denen sich Elbflüsse hinwinden.
Immer wieder alte Häuser, Fachwerk, abgewalmte Reetdächer, schiefe und verwachsene Schuppen, durchsichtige und vielsprossige Treibhäuser, alte Bäume und verwilderte Gärten. Hier begegnen sich Zeit und Architektur, in den Fugen der Mauern und Balken wächst Ewigkeitsmoor. Die Vegetation wird zur Wand und die Wand zur Vegetation, aus der noch, vom Blattwerk frei, Teile von Fenstern herausschauen.
Ein Farbfinale besonderer Art ist der Herbst. Mit dem Verfärben der ersten Blätter trifft die Zeit der Herbstblumenflut zusammen. Das trockene Laub der Bäume raschelt im steten Ostwind, der unter den auffliegenden Papierdrachen Marienfäden heranträgt. In den Obstbäumen hängen schimmernde Früchte.
Es gibt lange Morgennebel und danach noch eine Spätsommersonne, aber auch die ersten Nachtfröste und Herbststürme. Die bewaldeten Geesthänge zeigen ein ungewohntes Orangerotbraun. Im Wasser der Gräben spiegelt sich wieder der Himmel, die Bäume sind laublos und durchsichtig. Die Schilfflächen der Schölln wechseln die Farbe von Olivgrün zum Okkerbraun. Das Mosaik der Feldereinteilungen ist wieder sichtbar und verleiht dieser nordischen Flachlandschaft eine strenge Perspektive, in der Horizontale und Gradlinigkeit dominieren und den Eindruck der Grenzenlosigkeit erwecken.

Vor den Toren Hamburgs breiten sich die Gemüsefelder der Marschlande aus. Wie hier im Spadenland prallen Stadt und Land aufeinander. Autobahnen und Industrie schieben sich immer weiter vor.

Die Vierlande

Wie es der Name andeutet, setzte sich dieses 77 km² große Gebiet aus vier Kirchspielen zusammen. In der Reihenfolge der Größe sind es: Kirchwerder, Neuengamme, Altengamme und Curslack. 1516 wurden sie das erste Mal namentlich in einer Urkunde zusammengefaßt als »de veer Keerspeel«.

Die Nord-Süd-Achse mißt 9,5 km, die Ost-West-Achse 12 km. Als Nebenflüsse der Stromelbe – der Vierländer sagt »Grot Elv« – gibt es die 19,7 km lange Dove-Elbe und die 17,2 km lange Gose-Elbe. Dove bedeutet soviel wie taube und Gose flache Elbe. Diese beiden Flüsse unterteilen die Kirchspiele, dienen der Ent- und Bewässerung, bestimmen die Deichverläufe und waren bis etwa 1930 die Hauptverkehrswege.

Marschlande

Dieses Gebiet ist im Gegensatz zu dem Nachbarn Vierlanden nicht so übersichtlich und einheitlich. Es besteht aus den 7 Ortschaften Ochsenwerder, Billwerder, Allermöhe, Reitbrook, Moorfleet, Spadenland und Tatenberg, zu denen 4 Kirchen gehören. Mit 55 km² hat es gut ⅔ der Größe der Vierlande. Im Süden und Westen bildet die Elbe eine natürliche Grenze, im Osten sind es Kirchwerder, Neuengamme und Curslack, im Norden Billbrook, Billstedt und Bergedorf. Obgleich auf den ersten Blick die Strukturen der Landschaft sehr ähnlich sind, wenn man sie mit denen der Vierlande vergleicht, offenbaren sich doch große Unterschiede:

Waren es früher die von der Regierung ausgehende Art der Verwaltung und die Fruchtbarkeit des Bodens, die den Wohlstand wachsen ließen, so ist es heute die größere Nähe zur Großstadt mit ihrer Industrie, die Gärtnereien und Naturgrün »weggiftet«. Allmählich verschwinden alte Häuser, Sitten und Gebräuche.

Die Marschländer hatten mit dem Wasser mehr Schwierigkeiten als die Vierländer. Darauf deuten noch die vielen Namen der Ortschaften, die vielen Bracks und die Flüsse hin. Im Norden ist die Bille, und bei der Hohe Reit vereinigen sich Dove- und Gose-Elbe. Als Dove-Elbe fließt sie etwa 3 km weiter an der Nordspitze Tatenbergs in die Hauptelbe, die sich ab hier langsam zum Hamburger Hafen ausweitet.

Im Gesamtgebiet der Vier- und Marschlande weisen ausgedehnte Unterglaskulturen auf die intensive Nutzung des Landes hin. Hier ein Blick von oben auf die Gose-Elbe, nahe der Reitschleuse.

Von Wolkenbildern und Bauernregeln

Trotz Wetterkarte, Wetterbericht, Treibhaus, Heizung und Folie sind Wetter und Barometer für den Gemüsebauer, für den Blumenzüchter und Landwirt von größter Wichtigkeit. Teilweise werden Wetter und Jahreszeiten ausgetrickst, verzögert und vorgeholt. Das warme Treibhaus macht aus dem Spätherbst einen Sommer oder aus dem Winter einen Frühling.
Kündigt sich Nachtfrost an, werden Fleken entrollt, ist es zu trocken, werden Regner oder die Berieselungsanlage in Betrieb genommen. Soll das Gemüse schneller wachsen, scheint auch nachts die künstliche Sonne vom Glashimmel des Treibhauses.
Kommen die Blumen und Tomaten, die Gurken, Kartoffeln und der Salat sehr früh, bringen sie Geld. Kommen sie zu früh, erfrieren sie und bringen gar nichts. Im Herbst ist es ähnlich; gibt es den ersten Nachtfrost im Oktober, müssen Blumen abgedeckt oder geschnitten und Tomaten und Bohnen gepflückt sein. Vor dem ersten Herbststurm sollten das Obst in Kisten und die Freilandblumen abgeerntet sein.
Im Sommer waren es früher die Pferde, die die Erntearbeit leisteten, heute sind es die Trecker und Mähdrescher. Der Vierländer ist genau wie der Fischer oder Bergsteiger ein gewiefter Wetterprophet. Er vermag die Vorzeichen für einen Wetterumschwung zu deuten, sei es an der Farbe des Himmels, seiner Wolkenbildung oder am Verhalten von Tieren und Pflanzen. Es geht zwar nicht um sein Leben, aber ums Überleben, um seine Existenz.
Früher mehr noch als heute war besonders der Regen wichtig: sein Kommen, die Dauer, sein Ende und auch das Ausbleiben.
Gab es doch Zeiten ohne Wasserleitung und Motorpumpen, ohne Berieselungsanlagen und Gartenschlauch. Aus den Gräben wurde das Wasser geschöpft, mit der Schöpfschaufel aufs Land geworfen oder in Eimern und Gießkannen transportiert.
Neben den kurzfristigen gibt es auch die langfristigen Vorhersagen. Dabei wurden Regeln entwickelt, die auch ein Satellitenfoto nicht ersetzen kann. Regeln, die über viele Generationen gewachsen sind und die sich vererbt haben wie die Höfe selber, wie ihre Sitten und Gebräuche.
Bauernregeln wie diese:
Knackt de Balkens vunt Dack,
gift dat bald Nat.
Wenn dat Speck vun'n Wiemen leckt,
giv dat Schiet un Dreck.
Weiht de Wind lang un hohl, regent dat bald vadull.
Schient de Sünn op dat natte Blatt,
giv dat noch mehr Nat.
Will de Rook nich utn Hus un bitt inne Ogen, giv dat bald Regen.
Wo dat erst Gewidder herkummt, dor kumm se dat ganze Johr her.
Kummt en Gewidder ober de Elv hoch,
ward dat slimm.
Wenn de Katt prußt, ward dat Weller god.
Fangt de Dog an to längen, fangt de Küll an to strengen.
Wennt nich vörwintert, den wintert no.
Is dat hellheurig vun wiether, giv dat anner Weer.
Obenrot mokt dat Weller god.
Morgenrot bringt Woder in'n Sod.
Was Sonntag soll für Weller sein,
das stellt sich Freitagmittag ein.
Wenn naß und kalt der Juni war,
verdarb er meist das ganze Jahr.
Kühler Mai gibt guten Wein und viel Heu.
Haben die Störche ein schmutziges Gefieder, geht bald Regen nieder.
Der April ist nicht gut, schneit es auf des Bauern Hut.
Viel Regen im April, ist des Bauern Will.
Märzenstaub bringt Gras und Laub.
Januar warm, daß Gott erbarm.
In der Morgenfrühe starker Tau,
wird das Wetter gut und lau.
Donner im Winter, viel Kälte dahinter.

Wind und Wolken künden vom Wetter der nächsten Tage. Hier die überschwemmte Elbe unter grauverhangenem Himmel bei Neuengamme.

Blühende Blumenfelder verzaubern im Frühjahr die Landschaft.

Abseits der Deiche wird das Land von zahlreichen Gräben durchzogen.

Von Deichen und Teichen, Gräben und Bracks

Ob die Vierländer wollten oder nicht, zuerst kamen die Deiche. Dafür sorgten Obrigkeit und Gesetz. Heißt es doch: Wer nicht will dieken, mutt wieken! Weichen, nicht nur vor dem Wasser, auch wirtschaftliche Not und Gesetzeslast konnten zur Aufgabe des Hofes führen. Die Arbeit und Pflicht zur Arbeit am Deich mit Hand- und Spanndiensten konnten wochenlang Bauer, Knecht und Pferd vom Acker fernhalten. Dieser verwilderte, und die Ernte mußte warten. Brach aber der Deich, gab es auch keine wartende Ernte mehr, und der Zeitaufwand für die Wiederherstellung und Reparatur war noch größer, zumal die Bruchstelle oft mühsam umdeicht werden mußte. Dafür gab es dann ein Brack mehr, welches je nach Größe, Tiefe und Lage langsam verlandete.

Die Worte Brack, Bruch und Teich, Deich und Damm sind eng verwandt und deuten alle auf ein und dasselbe hin.

Noch heute künden diese »Augen« der Marsch von Katastrophen in damaliger Zeit.

Balkeninschriften am Haus lauten: »Der Herre Gott schütze uns vor Wassernoth«. Es gibt in Vierlanden drei Deicharten: 1. die hohen Elbdeiche, 2. die Häuserdeiche an Gose- und Dove-Elbe und 3. die Hinterdeiche. Seit einigen Jahren gibt es Hauptdeiche, sie sind den alten Elbdeichen vor die Böschung gesetzt und nicht nur höher und breiter, sondern auch gerader. Genauso gewachsen und gewunden wie die Elbflüsse sind auch die sie begleitenden Deiche. Diese teilen die Landschaft auf in »Butendieks« und »Binnendieks«.

Am Deich zu leben galt als besonderes Privileg, im Gegensatz zum Wohnen am Heerweg und Querweg. »Brut und Liek heurt op'n Diek« heißt es.

Der Handel mit Gemüse und Blumen hat sich längst auf die Straße verlagert, dennoch bleibt die Elbe eine wichtige internationale Handelsstraße für West und Ost.

Hochzeitskutsche und Leichenwagen fuhren über den Deich, so wollte es der alte Brauch.

Fast jedes Haus hatte neben der Treppe oder dem Stegel – einem schmalen Weg vom Deich zum Haus – eine Bank, die zum Verweilen einlud. Der Vorbeikommende brachte Neuigkeiten mit oder erfuhr sie auf diese Weise. Heute gibt es dafür das Fernsehen, und die Deichbank ist verwaist oder verschwunden.

Das Auto braust dahin als Vehikel einer schnellebigen Zeit; nur noch die Deichböschung gehört den Schafen. Neuerdings gesellen sich dem Verkehr Scharen von Radfahrern hinzu. An einem Sommersonntag sind heute mehr zu sehen als früher während des ganzen Jahres, sagen die Vierländer.

Die heute idyllischen Bracks mit Wasserrosen und Baumspiegelungen können wie alte Chroniken von so manchen Sturmfluten erzählen:

»1661 am 4. Januar entstand ein großer Sturm, worauf eine große Wasserfluth erfolgte, welche großen Schaden an Deichen und Dämmen verursachte. Zu Warwisch bei Jochen Timmann und bei Hans Hügen ist der Deich durchbrochen und ist all das Winterkorn verschossen.« »Anno 1662 am 18. Februar ist es bei Hans Hügen wieder eingebrochen und ist ein Brack eingelaufen und Hans Hügen sein Haus weggetrieben!« – Nicht immer waren Sturm und Nordsee die Flutbringer. Im Frühjahr braute sich häufig ein gefährliches Gemisch aus Schneeschmelze, Regen, Wind, Eisschollen und Eisstau zusammen. Damals gab es noch keine Eisbrecher. Das Unheil kam dann von oberwärts. Die Strömung schob Schollen gewaltigen Ausmaßes gegen die Deiche, es kam zu Brüchen, und neue Bracks entstanden.

1572 Scheelenbrack
1584 Borghorsterbrack
1594 Crauler Brack
1599 Warwischer und Holacker Brack
1610 Hofer Brack (Howe)
1655 Pastorenbrack in Ochsenwerder

Die Zahlen sind mit etwas Vorsicht zu

Nur noch wenige erhaltene Feuchtgebiete an der Elbe unterliegen dem Gezeitenwechsel und bieten einer Vielzahl seltener Vögel Nahrung.

Brack in Warwisch als Zeuge einer Überschwemmungskatastrophe vor langer Zeit

betrachten, werden doch erst 100 Jahre zurückliegende Ereignisse schon unterschiedlich datiert. Gerade Bracks, um die sich häufig Sagen und Geschichten ranken und deren Entstehung sich im Grau der Vorzeit verliert, werden gerne mit Ungefähr-Angaben belegt. So wird beispielsweise das Sülzbrack 1280 erstmalig erwähnt. Da es zu jener Zeit nur verhältnismäßig niedrige Deiche gab, mutet die Entstehung eines Bracks dieser Größe unwahrscheinlich an. Vor 200 Jahren gab es hier noch zwei Bracks, ein großes Sülzbrack und ein kleines. Die Sage berichtet von einem aus Lüneburg kommenden Salzschiff, welches in die Deichbruchstelle geriet und liegenblieb.

Das Wasser schmeckte nach Salz, und daher bekam das Brack seinen Namen. Eine andere Version berichtet von einem Sülzhof neben dem Brack. Der

Bauer kam aus Lüneburg und war Sülfmeister, ein Mann also, der sich auf die Salzherstellung verstand.
Demnach könnte der Name von diesem Hof abgeleitet sein. Es ist aber nicht ausgeschlossen, daß es sich wie beim Sand- und Kiebitzbrack, die nicht direkt am Deich liegen, um Reste alter Wasserläufe handelte, waren doch der Kraul und die Ohe einst Inseln, die ein Delta bildeten.
Die Deiche und die Flüsse verändern sich, ihr Geheimnis geben sie nicht preis. Die Narben der letzten großen Veränderungen sind noch nicht verwachsen. Die Februarflutwelle 1962 löste eine Deichbauwelle aus.
Gut 15 Jahre lang wurde geändert, erhöht, befestigt, vorgelegt, verlagert, verstärkt, begradigt und asphaltiert.
Gewaltige Erdmassen wurden bewegt. Elbnebenarme verschwanden und mit ihnen viele alte Häuser und Bäume. Die neuen Deiche strotzen vor Sicherheit und Stärke, die alten Deiche aber mit Buchten und Bracks, mit Fachwerkhäusern und dem Licht- und Schattenspiel des Laubes können sie nicht aus der Erinnerung der Bewohner verdrängen.

Wie ein Mäandermuster schlängelt sich die Dove-Elbe im satten Wiesengrün zwischen den alten Deichen dahin.

Für den Getreideanbau in den Marschlanden sind ausgedehnte Feldstücke und gut trockengelegter Boden Voraussetzung.

Schnurgerade durchschneiden Wassergräben – hier in der Nähe des Marschbahndamms – die Marsch und versorgen die handtuchförmigen Hufen.

Im Frühjahr verwandeln sich die Felder in skurrile Plastiklandschaften, wo unter aufgespannten Folien Jungpflanzen herangezogen werden.

Frühsommerliche Stimmung in der Marsch bei Kirchwerder

Eine Kulturlandschaft im steten Wandel

Seit dem letzten Krieg hat sich das äußere Bild Vierlandens stetig verändert. Man kann es auf jedem Spaziergang sehen: hier wurde ein altes Haus abgerissen, dort eine alte Pflasterstraße mit neuem Belag versehen. Die älteren Vierländer wissen noch von den Gemüseewern, die zum Hamburger Markt schipperten, und von alten Anbaumethoden zu berichten.
Das gehört heute alles der Vergangenheit an. Die Strukturveränderungen erstrecken sich auf alle Gebiete und haben Auswirkungen, die nicht immer positiv sind.
Diese Veränderungen betreffen auch die Nutzung des Landes. Neben einigen großen bäuerlichen Betrieben entwickelte sich ein intensiver Gartenbau. Gründe dafür waren das zunehmende wirtschaftliche Wachstum und damit die räumliche Ausdehnung Hamburgs. Nutzgärten in der Stadt wurden verdrängt, und es entstanden Gartenflächen außerhalb der Stadt, die auch zum Aufenthalt im Sommer geeignet waren. Die große Gartenkolonie in Tatenberg ist dafür ein Beispiel aus jüngster Zeit. Für die Versorgung der ständig wachsenden Bevölkerung begann anfangs ein bescheidener Erwerbsgartenbau weit außerhalb der Stadt in Vierlanden. Die Entwicklung wurde sehr begünstigt durch die Zunahme der Bevölkerung in diesem Gebiet.
Mehrere Deicheinbrüche und Überschwemmungen hatten zur Verschuldung von landwirtschaftlichen Betrieben geführt, denn von alters her mußte die ansässige Bevölkerung die Deichlasten tragen. So wurde Land zu 4–8 Morgen an die Bauernsöhne und Knechte verkauft oder verpachtet.
Obwohl Hofteilungen schon 1766 verboten wurden, war bis dahin eine Besitzaufgliederung in Hufnerstellen mit den bäuerlichen Betrieben und in Kätnerstellen erfolgt, deren Bewohner Viehhaltung und Getreideanbau im kleinen Maßstab betrieben. Diese begannen jetzt das Land statt dessen intensiv zu bebauen; der Wirtschaftsfaktor Flächengröße wurde ersetzt durch den Faktor Arbeitsintensität. Es wurde der Anbau von Kulturen bevorzugt, die schnell hohe Erträge brachten.
Oft pachtete man Land hinzu, damit es für die Versorgung einer Familie ausreichte.
Diese Erwerbsstruktur hat sich fast unverändert bis in die frühen fünfziger Jahre gehalten.
Luftbilder aus dieser Zeit zeugen von einer intensiven Doppelnutzung des Bodens mit Obstbaumbestand, Mistbeetkulturen und beginnendem Unterglasanbau.
Inzwischen ist die gärtnerisch genutzte Fläche – wie Statistiken und Zahlen beweisen – um mehr als die Hälfte zurückgegangen. Im Luftbild von heute kann man zwar immer noch deutlich die räumliche Einheit zwischen Wohnen und Arbeitsbereich erkennen, jedoch liegen Parzellen, die jeweils am Ende der Grundstücke weit entfernt vom Wohnhaus sind, meist brach oder sind mit Pflanzen bewachsen, die wenig Pflege erfordern. Auffällig ist der erhebliche Anstieg der Gewächshausflächen. Sie liegen fast immer in unmittelbarer Hausnähe. Große Glashäuser mit wartungsfreien Aluminiumkonstruktionen, automatischen Lüftungs-, Heizungs- und Bewässerungssystem haben die alten aus Holz gebauten Gewächshäuser verdrängt und erlauben inzwischen den Maschineneinsatz im Innern. Durch die Erhöhung der Heizkosten kamen auch durchsichtige Folien zum Einsatz. Sie bieten eine zusätzliche Isolierung in den Treibhäusern oder werden anstelle von Glas über Bogenkonstruktionen gespannt. Durch liegengelassene Parzellen entstanden die »Sozialbrachen«, auf die man abseits in den Feldern stößt.

Wogendes Reet und glitzerndes Wasser. – Ein Abend an der Elbe bei Zollenspieker

Gemüseanbau im großen Stil. – Ein Kohlfeld in Reitbrook

Inzwischen sind die Vier- und Marschlande als stadtnahes Wohngebiet gefragt; sowohl von Vierländern selbst, die außerhalb der Landwirtschaft ihren Lebensunterhalt verdienen, als auch von zugezogenen Städtern. So entstanden nach dem Krieg neben den Hufnerhäusern und Katen auch Einfamilienhäuser mit kleinen Grundstücken bis 1000 qm, bei denen das Gartenland nur als Ziergarten benutzt wird. Vereinzelt gibt es auch schon untypische Mehrfamilienhäuser, die innerhalb der dörflichen Besiedlung einen baulichen Fremdkörper darstellen. Die Siedlungsform der Marschenhufendörfer wird durch solche städtischen Siedlungsformen aufgebrochen. Das führt zu einer Zersiedlung der Landschaft, der nur der Gesetzgeber Einhalt gebieten kann.

In der Ohe in Kirchwerder scheint die Zeit stillzustehen. Der alte Gemüseewer erzählt Geschichten von damals.

Zwei mächtige Eichen bieten dem Schneewanderer Orientierung in der Marsch bei Neuengamme.

Vierländer Baukunst in Fachwerk und Reet

Dieses Bauernhaus ist ein typisches niederdeutsches Fachhallenhaus und offenbart in seiner technischen und künstlerischen Gestaltung die Lebensformen der Marschbewohner.
Unter dem gewaltigen abgewalmten Reetdach vereint es Mensch, Kreatur, Gerät, Ernte und Arbeit. Es entwickelte sich aus dem Hufnerhaus, welches seinen Namen erhielt von den langgezogenen Feldstücken, den Hufen, und von deren Besitzer, dem Hufner. Schon ab 1600 gab es mehr Kätner als Hufner, der Gartenbau nahm wie Handwerk und Handel ständig zu.
Dadurch bildete sich ein den Anforderungen entsprechender Haustyp: die Kate. Im Prinzip zwar ein verkleinertes Hufnerhaus, aber durch Aufteilung und Anbau nicht so festgelegt wie der größere Vorgänger.
Die Großkate hat z. B. im Gegensatz zur Kate am Wirtschaftsende eine große Tür. Vereinzelt gibt es Hausformen mit einem T-Grundriß (Fahrhäuser) oder mit einem L-Grundriß.
Zumeist liegen die Häuser mit der Giebelseite zum Deich, die Katen auch gelegentlich mit der Traufenseite. Zwischen Haus und Deich liegt der Ziergarten, »de Krühoff«. Die dem Deich zugewandte Seite ist durch reiches Fachwerk, z. T. mit Schnitzereien und Profilierungen weit über die tragende Funktion hinaus, geschmückt. Ziermauerwerk füllt die Gefache aus. Die Fensterflügel sind mit schönen Beschlägen unmittelbar an die Ständer angeschlagen.
Kaum gibt es ein Haus ohne Namen, Jahreszahl und Spruch. Die Fenster hatten früher durchweg Holzluken oder -läden zum Schutz des empfindlichen Glases gegen Wind und auch gegen Kälte und Einbruch. Symbole im Mauerwerk wie Donnerbesen, Ähre, Mühle und auch Kratzputzfelder findet man heute noch.
Die quergeteilten Seitentüren, »de Blangdör«, führten einmal vom Deich und einmal vom Garten ins Haus. Sie haben häufig schön ausgeschweifte Türstürze mit Inschriften.
Beim Stallteil ist das Dach weiter herabgezogen, die Fenster sind kleiner. Die hintere Giebelseite, »dat Achterennn«, hat die große Tür, durch die beladene Erntewagen passen. Auf dem Dachfirst gab es zwar manche schöne Wetterfahne, phantasievoll vom Dorfschmied ausgeführt, aber keine Schornsteine. Der Rauch zog durchs Dach ab. An den Firstenden schauen sich die typischen Pferdeköpfe an.
Von der Funktion her ist das Haus klar zu dritteln: vorne sind die Wohnstuben, in der Mitte ist das Flett; hier wurde gekocht, gegessen und gearbeitet. Hinten befinden sich die Stallungen, »de grot Deel«. Auch die Kätner hatten Vieh für den Eigenbedarf, richteten hinten aber auch gern eine Werkstatt, einen Laden oder ein zusätzliches Zimmer ein.
Hier wurden Blumen gebunden und Gemüse zugerichtet.
Ein ganz hervorragendes Beispiel eines alten Hufnerhauses aus dem 16. Jahrhundert mit ganzer Hofanlage ist das Rieckhaus in Curslack. Es ist heute Freilichtmuseum und gehört als Außenstelle zum Altonaer Museum. Eine Scheune, eine Bockmühle und ein Hauberg vervollständigen die Anlage.
Die Scheune ist größenmäßig mit einer Kate vergleichbar. Das Fachwerk ist nicht immer ausgemauert, sondern teilweise auch verbohlt. Licht lassen die große Tür und kleine Fenster ein. Dieses Gebäude diente der zusätzlichen Futter- und Erntelagerung, es beherbergte Schweine, Kälber und selten benötigte Geräte. Bei einem Schadenfeuer – deshalb auch der große Sicherheitsabstand vom Hufnerhaus – verblieb für die erste Not noch die Scheune.
Der Kornspeicher – drei gibt es noch in Vierlanden – ist in einem sehr schönen Beispiel am Neuengammer Hausdeich erhalten. Er wurde 1580 gebaut und ist das älteste in sich erhaltene Bauwerk in Vierlanden. Dieses sich nach oben leicht verjüngende Gebäude hat ein auf Findlingen stehendes Balkengerüst und ist von außen verbohlt.

Oben befinden sich Lüftungsklappluken. Das Dach ist abgewalmt. Die Balkenkonstruktion zeigt Zierelemente wie Kopfbänder, Konsolen, Strichgebälk, Hohlkehl- und Wulstprofile. Sehr schön ist der Türsturz mit Jahreszahl und Initialen.

Eingebettet in die Landschaft mit Bauerngarten und Lindenbestand liegt dies Hufnerhaus in Altengamme.

Das Backhaus – ca. 3,5 × 5 m – ist in Einzelbeispielen noch in Neuengamme und Curslack vorhanden. Wegen Hitze und Feuergefahr war es mit Pfannen gedeckt, und es waren daher die Giebel voll ausgeführt.

Unter der Traufe befinden sich Lüftungsklappluken. Im Innern dominierte der Backofen mit Zubehör.

Für 5–6 Wochen wurde im voraus gebacken, z. T. noch während des letzten Krieges. Auch die Nachbarn hatten dieses Privileg.

Prächtig verziertes Mauerwerk am Kirchwerder Hausdeich

Grundriß eines typischen Niedersachsenhauses

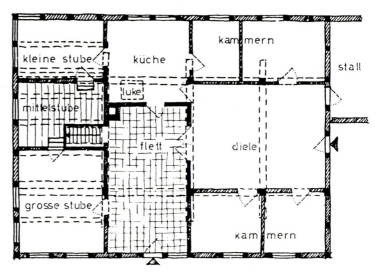

Guterhaltenes Kätnerhaus in Curslack

Fachwerkscheune in Neuengamme

Von 1901 bis zum ersten Weltkrieg war in Vierlanden der Verein für Vierländer Kunst- und Heimatkunde tätig. Er hatte sich das Ziel gesetzt, die Baukunst im Sinne der Tradition mit Fachwerk und Zierelementen neu zu beleben. Etwa 25 Häuser dieser Stilrichtung stehen in Vierlanden, auch einige Bahnhöfe gehören dazu. Diese Häuser des sogenannten neuen Vierländer Stils hatten ausschließlich eine Pfannenbedachung.

Das Freilichtmuseum Rieckhaus in Curslack mit der komplett erhaltenen Hofanlage und einer hölzernen Wasserschöpfmühle ist weit über die Grenzen Hamburgs hinaus bekannt.

Alte Holzscheune am Rieckhaus mit Ziehbrunnen

Das Gesamterscheinungsbild der Bausubstanz in Vierlanden zeigt, wieviel Wert auf Details gelegt wurde, auch wenn es ein einfaches Wirtschaftsgebäude war. Mit viel Liebe, Können und Einfühlungsvermögen wurden Nebensächlichkeiten einbezogen, gestaltet, individuell gehandhabt und weitergereicht über Jahrhunderte. Jetzt findet eine Rückbesinnung im historischen Sinne statt, die kein modisches Beiwerk zuläßt.

Die IGB (Interessengemeinschaft Bauernhaus) Vierlande weist Wege und führt Beispiele an.

Es ist zu wünschen, daß der Bestand alter Fachwerkhäuser nicht weiterhin abnimmt, sondern gehalten wird oder gar wieder anwächst, nicht nur für die heute Lebende, auch für die künftige Generation.

Kleinteilige bleigefaßte Fenster, versetzte Balken und Ziermauerwerk in den Gefachen verleihen der Fassade Lebendigkeit. – Ein Zeugnis des hohen gestalterischen Niveaus damaliger Baukunst.

Im Innern des Rieckhauses: in der »Groot Döns« sieht man die typische Ausstattung der Vierländer Kammern: mit »Bilegger-Ofen«, Delfter Kacheln und der prächtigen Intarsienwand.

Über der offenen Feuerstelle im Flett wurde in großen gußeisernen Töpfen das Essen für die Bauernfamilie und das Gesinde gekocht. Der Rauch zog durch das Gebälk ab und konservierte gleichzeitig Holz, Schinken und Würste.

Sinn für Dekoration bewiesen die Vierländer. An der prachtvollen Ausstattung von Haus und Hof ließ sich der Vermögensstand der Bewohner ablesen. Die Kamera ging auf Suche und entdeckte eine Vielzahl an Details: Verschieden geformte Giebelfenster, verziertes Mauerwerk und Kratzputzfelder, eine alte Wetterfahne, geschnitzte Pferdeköpfe, den pausbäckigen Engel vom Grabstein, geschnitzte Inschriften an den Balken, einen ausgebogten Türsturz, Rosetten und Rankenwerk im Holz, eine Engelsfigur in der gußeisernen Türfüllung, sogar der alte geflochtene Weidenzaun und ein uraltes hölzernes Gewächshaus haben ihren Reiz.

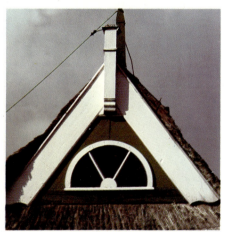

Von Müllern und Mühlen

Neben den alten Bauernhäusern prägen die Mühlen das Landschaftsbild der Vier- und Marschlande. Drei Mühlen sind heute noch in Betrieb: Die Riepenburger Mühle, die bereits 1318 erwähnt wurde, und die Reitbroker Mühle, die zwischen 1773 und 1809 an der Stelle der alten Entwässerungsmühle entstand, tragen noch heute ihre Flügel, während der erst 1876 errichteten Mühle die Flügel 1928 abgenommen wurden, weil die Unterhaltung zu aufwendig wurde. Eine Antriebsfunktion haben aber auch die noch vorhandenen nicht mehr.

Für den Müller war auf den Wind nicht immer Verlaß. War die Windstärke zu gering, konnte nicht gemahlen werden; aber auch bei starkem oder böigem Wind mußten die Flügel stehenbleiben, da sonst mit Beschädigung gerechnet werden mußte. Bei günstigem Wind allerdings wurde manchmal Tag und Nacht hindurch gemahlen, wobei auch die Frauen kräftig mit anpackten.

Mühlen gab es wegen des Getreideanbaus schon sehr früh in den Vierlanden; wahrscheinlich wurde nach den ersten Eindeichungen um 1200 auch die erste Mühle errichtet. Die Mühlen gehörten der Stadt Hamburg, die den Pächtern den Mahlzwang seitens der benachbarten Bauern garantierte.

Mahlzwang bedeutete, daß die betroffenen Bauern das gesamte Korn zum Mahlen in die Mühle bringen mußten, die für sie zuständig war. Die Pächter wechselten manchmal mehrmals im Jahr und standen bei den Bauern nicht in hohem Ansehen.

Alte Hofanlage mit schmuckem Wirtschaftsgiebel an der Gose-Elbe in Kirchwerder

Müller sein, das bedeutete Knochenarbeit: er mußte die schweren Säcke des angelieferten Korns mit seinen Knechten selber schleppen, und nachdem es zu Schrot vermahlen war, mit Pferdegespannen wieder ausliefern.

Heute kauft der Müller das Getreide von den Bauern und bezahlt nach der Qualität der angelieferten Ware.

Auch heute wird es zu Mehl und Futtermitteln (Schrot) weiterverarbeitet. Inzwischen hat sich der Schwerpunkt auf den Handel verlagert; das Sortiment, das zum Verkauf angeboten wird, ist heute weit vielfältiger als früher und reicht von Nahrungsmitteln wie Mehl, Zucker und Haferflocken über Futtermittel aller Art bis zu Heu und Stroh. Wie früher übernimmt der

Großkate am Kirchwerder Elbdeich

Die Flügel der Riepenburger Mühle werden heute durch Elektromotoren angetrieben.

Müller die Anlieferung seiner Ware, heute allerdings mit modernen LKWs. Sein Kundenstamm besteht aus Bauern, die Viehhaltung, hauptsächlich Schweinemast, betreiben.
Doch die Viehhaltung in Vierlanden geht zurück.
Der Müller ist heute darauf angewiesen, sich ständig an die sich ändernden Strukturen anzupassen.

Die Kirchwerder Kirche St. Severini mit dem hölzernen Glockenturm »im Abseits« ist typisch für die Anlage der Vierländer Kirchen

Im hellen Glanz der barocken Messingkronen erstrahlt die Altengammer Kirche zum Erntedankfest.

Die Kirchen – Kleinode in der Landschaft

Im östlichen Gebiet des Hamburger Sprengels der 1977 gegründeten Evangelisch-Lutherischen Nordelbischen Kirche liegt der Kirchenkreisbezirk Bergedorf mit seinen 14 Gemeinden und den kunstgeschichtlich und kunsthandwerklich interessanten alten Kirchenbauten. Es sind die Kirchen in den Marschlanden, dem Städtchen Bergedorf, den Vierlanden und dem ehemaligen hamburgischen Geesthacht.

Diese Ortskirchen im Marschgebiet zwischen Geesthang und Elbe-Strom haben sich in den letzten 700 Jahren recht unterschiedlich entwickelt. Die erste Kirche in Bergedorf wurde im Jahr 1162 urkundlich erwähnt und war damals lauenburgisch. In der vorreformatorischen Zeit gehörte das Gebiet der Hamburger Marsch zum Bistum Verden und Bergedorf mit den Vierlanden zum Bistum Ratzeburg.

Die Reformation, 1517 von Luther durch den Thesenanschlag von Wittenberg ausgerufen, begann in Hamburg durch Bugenhagen ab 1529 und in Lübeck ab 1531. Es dauerte damals noch einige Jahre, bis sie auch im Landgebiet eingeführt war. So begann die lutherische Lehre sich ab 1530 in den Marschlanden und ab 1542/44 durch Ditmar Koel auch langsam in den zum Amt Bergedorf gehörenden Vierlanden und Geesthacht durchzusetzen.

Bald nach der Eindeichung der Vierlande und der Marschlande begann man mit dem Bau der Kirchen.

Eine ebenso prächtige Ausstattung zeigen die Marschenkirchen, hier die Dreieinigkeitskirche zu Allermöhe mit geschnitztem Altar und Kanzel von Hein Baxmann und einem reich ausgemalten Deckengewölbe.

Eingebettet in die alte Friedhofsanlage liegt die Curslacker Kirche mit dem Brauthaus.

St. Johannis zu Curslack

Im 13. Jahrhundert werden die ersten Kirchen urkundlich erwähnt wie: Kirchwerder 1217, Altengamme 1247, Billwerder 1251, Neuengamme 1261, danach Curslack 1306 sowie Allermöhe und Moorfleet 1331. Die alten Feldsteinkirchen im Marschgebiet wurden wegen der schwierigen Grundverhältnisse zuerst mit Findlingen auf schwimmenden Holzrosten gegründet, wie z. B. alte Bauaufnahmen der Altengammer Kirche von Julius Faulwasser aus dem Jahre 1916 zeigen. Bald stellte sich heraus, daß die Feldsteinkirchen zu gewichtig für das Marschgebiet waren, und es entstanden die Fachwerkbauten, wie sie die Bauern von ihren großen Hufnerhäusern her kannten. Teile der alten Feldsteinbaukunst sind bei vielen der Kirchen noch heute gut zu erkennen.

Als es im 14. Jahrhundert üblich wurde, die Gemeinden mit Glockengeläut zum Gottesdienst zu rufen, stellte man neben das Kirchenschiff den typischen freistehenden Glockenturm.

Die prächtige Innenausstattung der Kirche zeugt von großem kunsthandwerklichen Geschick und von der Bedeutung des kirchlichen Gemeindelebens. Jeder fühlte sich als Mitglied der Kirche und hatte seinen festen Platz, gekennzeichnet durch in Holz eingelegte Namensschildchen und reich verzierte Gesangbuchkästchen. 50 Jahre und älter sind die bunten Kissen mit Kreuzstich- und Plattstichmotiven, die zu der behaglichen Atmosphäre beitragen. In jeder Gemeinde halten engagierte Frauen diese Tradition aufrecht. Nach alten Vorlagen werden die Kissen von ihnen mit neuen Namen und Jahreszahlen hergestellt.

Als Besonderheit der Vierländer Kirchen gelten die geschmiedeten Hutständer auf den Männerbankrücken. Ausgearbeitet als Blumentöpfe, Wappenschilder, Figuren und Phantasieblumen, zeugen sie von dem Formenreichtum der Vierländer Handwerkskunst.

Ähnlich wie an den Vierländer Truhen und in den Stuben sind hier Bänke und Türen mit den typischen Kern- und Furnierintarsien geschmückt.

Man entdeckt Blumen- und Tiermotive in unendlich vielen Variationen und bewundert die präzise, liebevolle Ausarbeitung. Die interessantesten Intarsienarbeiten sind in Altengamme und Neuengamme. Die Kirchwerder Kirche besitzt neben einer geschnitzten intarsierten Bankreihe eine beachtliche Sammlung alter großer Steinplatten. Sie wurden als Hauseingangsplatten verwendet. Besonders sehenswert sind auch die großen farbigen Altäre und Kanzeln des Holzschnitzers Hein Baxmann. Man findet sie vorwiegend in den Kirchen der Marschlanden. Die Altengammer ruft die altehrwürdige »Celsea«, die berühmte Glocke aus dem Hamburger Dom, zum Gottesdienst.

Der Besucher kann sich dem einzigartigen Reiz und der Schönheit der Kirchen mit ihrer reichen Innenausstattung kaum entziehen. Für die Vierländer sind die Kirchen Sinnbilder eines noch intakten Gemeindelebens, denn viele Familienfeiern und Gemeindefeste sind ohne den kirchlichen Rahmen nicht denkbar.

Gleich am Eingang zu den Vierlanden liegt am Curslacker Deich in der Nähe des Freilichtmuseums Rieck-Haus die Kirche St. Johannis zu Curslack. Neben dem Kirchenbau von 1599/1603 steht der Glockenturm von 1719 mit der schönsten Vier- und Marschländer Kirchturmspitze (1761). Im Jahre 1801/02 erhielt die Kirche durch den Anbau des südlichen Brauthauses ihre heutige Form.

Im Kircheninnern ist die geschnitzte Kanzel von 1599 mit dem den Kanzelkorb stützenden Atlas und auch die kleine Orgelempore von 1621 mit dem Beichtstuhl von 1775 sehenswert. 55 Hutständer stehen auf den mit Namensschildern und Gesangbuchkästen geschnitzten Bankreihen.

St. Nicolai zu Altengamme
St. Severini zu Kirchwerder
St. Johannis zu Neuengamme
*Dreieinigkeitskirche
zu Allermöhe*
*St. Pankratius zu
Ochsenwerder*
St. Nicolai zu Moorfleet

Die St. Nicolai-Kirche zu Altengamme am Kirchenstegel gilt als die bedeutendste Barockbauernkirche Norddeutschlands und wurde um 1250 in Feldsteinen erbaut. Durch den 1752 erfolgten Umbau und Anbau des Fruens- und den 1837 hinzugefügten Anbau des Manns-Bruut-Huus erhielt sie die heutige Form.

Im nebenstehenden Glockenturm von 1647 hängt seit 1804 die 1487 gegossene Glocke »Celsea« des ehemaligen Hamburger Doms.

Viele alte Intarsienbänke (seit 1651) mit gestickten Kissen und 59 Hutständern (ab 1708) auf den Mannbankreihen sowie der Bronze-Taufkessel von 1380 mit dem Taufbaldachin aus dem 17. Jahrhundert geben der Kirche ihr Gepräge. Seit 1979 ist sie im Besitz einer großen geschnitzten Weihnachtskrippe.

Die St. Severini-Kirche zu Kirchwerder, am Kirchenheerweg, wurde um 1319 als Feldsteinbau errichtet. Auf dem nördlichen Eingangs-Brauthaus aus dem Jahre 1649 befindet sich eine Mose-Wetterfahne. Der freistehende Glockenturm mit Türbalken von 1604 und 1664 erhielt 1771 seine Turmspitze.

Bei Umbauarbeiten 1785–91 entstand der südliche Erweiterungsbau. Sehenswert sind in der Kirche 4 große Messing-Kronen von 1602, 1604, 1656 und 1666 sowie die Schnitz- und Intarsienbankreihen von 1641 und 1645. Auf dem Friedhof stehen 94 große Grabplatten aus dem 16. bis 19. Jahrhundert.

Die St. Johannis-Kirche zu Neuengamme, hinter dem Neuengammer Hausdeich am Karkenstegel gelegen, zeigt noch Teile der Baustufen von 1300, 1600 und 1800. Der freistehende Glockenturm von 1630 ist auch hier – wie bei allen Vierländer Kirchen – das beherrschende Bauelement.

Sehenswert im 1958/59 renovierten Kircheninnenraum sind die Intarsienbanktüren (ab 1600) und die Hutständer auf den Bankreihen sowie der dreiteilige Bronzealtar von 1961.

In der Dreieinigkeitskirche zu Allermöhe, an der Dove-Elbe hinterm Allermöher Deich, und in der St. Pankratius-Kirche zu Ochsenwerder, am Brack neben dem Eichholzfelder Deich, stehen die eindrucksvollen, farbig gestalteten Schnitzflügelaltäre von Hein Baxmann.

Der Allermöher Altar stammt aus dem Jahre 1614, der Ochsenwerder aus dem Jahre 1633. In der Ochsenwerder Kirche ist auch noch die Baxmann-Kanzel von 1640 erhalten.

Die St. Nikolai-Kirche zu Moorfleet, am Moorfleeter Kirchenweg gelegen, wurde 1681/82 als Fachwerkbau um das alte Kirchenschiff aus dem 14. Jahrhundert gebaut.

Sehenswert sind die vom Holzschnitzer Hein Baxmann 1622 geschaffene Kanzel sowie sein Pastoren-, Küster- und Jurantengestühl von 1625. Im Altarraum, gebaut 1688, befand sich bis 1963 die Baxmann-Kanzel, die heute freisteht.

Von Intarsien und anderen Handwerkskünsten

Über zwei Jahrhunderte hinweg waren die Vierlande eine Hochburg der bäuerlichen Intarsienkunst. Während der Blütezeit 1760 bis 1840 gab es 25 Werkstätten. Die älteste datierte Intarsienarbeit befindet sich in der Kirchwerder Kirche. Sie stammt aus dem Jahre 1641. Sie wurde wahrscheinlich von einem wohlhabenden Vierländer in Auftrag gegeben und ausgeführt in Hamburg oder Lübeck. Die Neuengammer Kirche weist Einlegearbeiten aus den Jahren 1600 und 1649 auf. Die Altengammer Kirche hat drei Arbeiten aus derselben Zeit, sie sind 1651, 1652 und 1661 datiert. Die schlichten Kassettenfüllungen zeigen Flachschnitzerei und Ornamentformen. Von Italien über Österreich und Süddeutschland wurde die Kunst der In-

Die »Herzblume« am Hutständer erinnert an die gemeinsame Verwaltung der Vierlande durch Lübeck und Hamburg.

Gotischer Bronzetaufkessel in der Altengammer Kirche

Furnierintarsie am Kirchengestühl in Altengamme

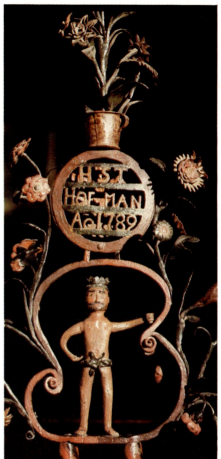

»Der wilde Mann« als eiserner Hutständer

Gesticktes Sitzkissen aus dem Jahre 1779

Eine der ältesten Flachschnitzereien am Kirchengestühl

St. Johannis zu Neuengamme besteht aus einem schlichten Feldsteinbau; im Innern gibt es prächtige Intarsien und einen modernen Bronzealtar.

In ihrer geschlossenen Form mit breitem Dachüberstand liegt die Allermöher Dreieinigkeitskirche direkt hinter dem Deich der Dove-Elbe.

Die barocke grüne Kirchturmhaube der St. Pankratius-Kirche in Ochsenwerder überragt Gemüsefelder und Treibhausflächen.

Die Curslacker Kirche vom Curslacker Deich aus gesehen gehört in ihrer Ensemblewirkung zu den bekanntesten Motiven Vierlandens.

tarsia von wandernden Tischlergesellen nach Norddeutschland gebracht. Diese Werke scheinen in Altengamme selbst entstanden zu sein. Truhen und Schränke aus dieser Zeit sind in der Flächengestaltung ähnlich beschaffen. Aus Arbeiten dieser Art hat sich über einen Zeitraum von fast 100 Jahren die Vierländer Intarsie entwickelt.
Renaissanceeinflüsse sind hier spürbar, später dann waren es Rokoko- und Empireelemente, die von den Tischlern verarbeitet wurden. Darüber hinaus aber entwickelten sie herrliche Blumenmotive, schwungvolle und musikalische Namenszüge, schön verteilte Sternornamente, phantasievolle Vogelmotive und naive Figuren, die eine ausgeprägte Eigenentwicklung offenbaren.
Waren es zunächst Kirchgestühl, Truhen, Schränke, Alkovenwände, Uhren-

Geburtshaus von Alfred Lichtwark in Reitbrook

Stillgelegter Bahnhof am Pollhof

Reichverzierter Türsturz und Leckbrett

Alte Scheune auf einer Fluchtwarft am Neuengammer Heerweg

Einer der drei ältesten Kornspeicher in Vierlanden

gehäuse, Wiegen, Tische und Stühle, die mit Intarsien geschmückt wurden, so kamen später kleine Kästen, Nähtische, Servierbretter, Zeitungsmappen, Bilderrahmen, Bänke, Fußschemel und Sofas hinzu.

Jedes Möbelstück ist mit dem Namen des Auftraggebers und der Jahreszahl der Entstehung versehen. So erzählen die vielen Namen nicht nur ein Stück Familiengeschichte, die Art der »Handschrift« verrät auch den Entstehungsort und die Werkstatt.

Eine Gestühlstirnwand von 1796 in der Altengammer Kirche ist mit Tischlerwappen des Intarsientischlers Hans Brügmann geschmückt. Hieraus läßt sich die soziale Stellung des Kunsthandwerkers innerhalb der Gemeinde ablesen. – Die Meister entwarfen auch Strickmuster und Kunstschmiedearbeiten, sie waren zumeist gute und phantasievolle Zeichner und hatten ein ausgeprägtes Gespür für Formen und Farben.

Die Anfertigung einer Intarsie ist langwierig und teilweise auch recht kompliziert. Die Meister machten aus der diffizilen Technik gerne ein Geheimnis und sorgten dafür, daß niemand Einblick in ihre Werkstatt bekam.

Der Arbeitsablauf begann mit dem Aufzeichnen des Motivs auf ein helles Furnier, dann wurde es mit einem dunklen zusammengeleimt. Am selbstgebauten Bock sägte der Tischler mit feiner Laubsäge das Muster aus.

Danach wurde mit einem Messer dunkles und helles Furnier voneinander getrennt. Jetzt paßte das helle ins dunkle Motiv (positiv) und das dunkle ins helle (negativ).

Vor dem Aufleimen der Intarsie wurden die einzelnen Stücke des Motivs in

Alter Wohngiebel eines mehrgeschossigen Hufnerhauses am Neuengammer Hausdeich

heißen Sand getaucht. Die geschwärzten Ränder erhöhten die plastische Wirkung.

Immer noch gibt es viele eindrucksvolle Beispiele Vierländer Intarsienkunst zu bewundern, obgleich manches schöne Stück dem Holzwurm, der Feuchtigkeit, der Unachtsamkeit, dem Feuer und dem Verschleiß zum Opfer fiel.

Zeugnis vom Können Vierländer Kunsthandwerker legen Arbeiten in den vier Kirchen, im Rieckhaus, im Museum für Kunst und Gewerbe ab.

Alte Namen, Spuren der Zeit, eine gewachsene Patina, weit zurückliegende Jahreszahlen und liebenswerte Motive erzählen hier Geschichten und führen ein Eigenleben, welches sich im Grau der Vergangenheit verliert.

Häufig ist die Frage zu hören, warum sich gerade in den Vierlanden die Volkskunst so reichhaltig entwickelte. Und in der Tat, die Winser Marsch hat nicht diesen Reichtum aufzuweisen, die Marschlande schon gar nicht, aber auch die weitere Nachbarschaft nicht. Es fängt bei der Tracht an, deren üppige Ausstattung mit Silberknöpfen, Finger- und Ohrringen, Broschen, Spangen und Stickereien sie schon fast unbequem macht. Kunstvolle Stickereien gibt es auch auf Kopf- und Sitzkissen, Handtüchern und Bettlaken, bis hin zum Leichentuch.

Einmalig sind die Kunstschmiedearbeiten, voran die Hutständer in den Kirchen mit ihrer phantasievollen Symbolik; aber auch Wetterfahnen, Waffeleisen und Türbeschläge lassen die Meisterhand erkennen. Das Gebälk der Fachwerkhäuser war für die Zimmerleute ein weites Betätigungsfeld, zumal das Balkengefüge sich weit über seine Funktion als Baugerüst hinaus entwickelte. Formenreichtum und Kompositionsgefühl führten zu einer Bauharmonie, die wir heute noch bewundern. Einzelbeispiele sind noch gut erhalten oder werden wieder hergerichtet. Der Maurer mit seinem Ziermauerwerk und Kratzputz füllte das Fachwerk aus.

Die Tischler wuchsen mit ihren Intarsien über sich selbst hinaus und wurden durch ihre Arbeiten international bekannt.

Selbst die Geräte, ob nun Kutsche oder Schlitten, Topf oder Glas, Besteck oder Balkenwaage, alles war liebevoll gestaltet und kunstvoll verziert. Möglich wurde dies alles erst durch den Reichtum im Lande, der diese Entwicklung vorantrieb und förderte. Es war ein glücklicher Umstand, daß hier Großstadtnähe, Bodenbeschaffenheit, Fleiß und Begabung zusammentrafen, aber dies ist doch nur eine Seite der Sache. Ein ganz wesentlicher Faktor waren die damaligen Preise für Obst, Gemüse und Blumen. Betrachtet man dies in Relation zur allgemeinen Wirtschaftslage, dann zeigt sich das überdeutlich.

Dafür zwei Beispiele:

1910 erschien eine Broschüre mit dem Titel »Gemüse- und Obstbau im Hamburgischen Marschgebiet«. Darin wird aus Kirchwerder von einem Apfelbaum berichtet, der seinem Besitzer 1907 12 Ztr. Boskop brachte, für die er vom Händler aus Hamburg 168 Mark erhielt. Fast gleichzeitig aber, nämlich 1904, veranstaltete der Verein für Vierländer Kunst und Heimatkunde einen Wettbewerb für neue und zeitgemäße Intarsienmöbel. Hiervon existiert eine Zeichnung mit einem Vierländer Stuhl, der den Namen »Schlicht« trägt. Zugegeben, die Intarsien sind, wie es das Wort sagt, schlicht gehalten. Aber, und jetzt kommt es, der Preis beträgt 15,- RM einschließlich Politur und Geflecht. Der Tischler hätte also für den Apfelsegen 11 Stühle geliefert. Heute müßte dafür soviel wie für eine PKW-Anschaffung aufgebracht werden. Der Verkaufspreis für die Äpfel würde nicht einmal für die erste Tankfüllung reichen. Nebenbei sei bemerkt, daß der Großknecht zu jener Zeit 30 RM im Monat verdiente.

Das zweite Beispiel: In Zollenspieker am Grünen Deich befand sich eine Kate, an deren Nordseite zwei Kirschbäume standen. Die Erträge hiervon reichten aus, um das Haus von Maler, Dachdecker und Tischler einwandfrei instand halten zu lassen. Heute bekäme der Hausbesitzer nicht einmal die Farbe dafür.

Diese beiden Situationen zeigen so recht den wirtschaftlichen Wandel und seine Folgen. Da der Vierländer schon immer von besonderer Anpassungsfähigkeit war, wenn es um veränderte Wirtschaftsformen, neue Marktmöglichkeiten, Gemüse- und Blumensorten und auch die Modernisierung seines Betriebes ging, hat er auch jetzt auf Kosten der Tradition, der Umgebung und seiner Lebensverhältnisse die Veränderungen der Nachkriegszeit relativ unbeschadet überstanden. Allerdings – und das ist der Preis dafür – ohne Gift und Gas, Kunstdünger und Glas, Öl und Chemie, Kunststoff und Computer geht es nicht mehr. Nur damit waren die Lohn- und Preisverschiebungen aufzufangen.

Das alles sind Tatsachen, die nicht abzuleugnen sind und gegen die sich das Rad der Geschichte nicht zurückdrehen läßt. Wegen dieser Entwicklung hat aber auch der Bewohner dieses Landes, auch der neu hinzugezogene, offene Augen und Ohren für alte Bilder und Dinge – ob am, im oder ums Haus herum –, für Geschichten und Begebenheiten, die es einmal gegeben hat und immer noch gibt.

Vom Rokoko- und Empirestil beeinflußt entwickelten einheimische Intarsientischler diese schwungvollen Namenszüge, detaillierte Blumenornamente und Bouquets bis hin zu naiven Figuren, wie hier an den Kassettenfüllungen alter Kirchenbänke.

Von Schuffeln und Schiermoken

Eine ganz wichtige Arbeit im Herbst war das Umgraben des Landes, »dat Schiermoken«. Da dem Boden z. T. 3–4 Ernten abgerungen wurden, mußte er auch entsprechend gepflegt werden, »dor mut wat ropp«. Es hieß auch: »Wo de Mestfork nich hinkummt, heuert Gottes Segen opp!« Selbst schwere Böden froren, wenn man sich an diese Regel hielt, locker und mürbe und ließen sich im Frühjahr gut bearbeiten. Wochenlang leisteten die Vierländer mit Spaten und Schaufel Schwerarbeit und machten ihr Land winterfertig. Hierbei gingen die Gärtner mit Organisationstalent und der ihnen eigenen Gründlichkeit vor. Ihre Freude läßt sich gut nachempfinden, wenn unmittelbar nach Unkrautbeseitigung, Wege aussanden und Dunguntergraben der Winter begann und die »neue Ordnung« vor den anerkennenden Blicken des Nachbarn zustande gebracht war. Wichtigstes Gerät bei dieser Arbeit war die Schaufel. Sie wurde gehandhabt und gepflegt wie ein kostbares Instrument.

Der dünne Stahl glänzte und war leicht, der Klang verriet Qualität. Stiel und Griff hatten die Glätte gewachster Möbeloberflächen. Die Initialen der Besitzer waren eingeschlagen. Damit dieses Instument brauchbar blieb, wurde es nach der Arbeit liebevoll geputzt und eingeölt.

Während dieser Zeit – die Tage wurden schon merklich kürzer – kam auch der Sandschiffer. Viele Helfershände beförderten die weißgraue und feuchte Fracht, die Stunden vorher ein Bagger vom Elbgrund geholt hatte, mühsam aus dem Kahn heraus. Das Entladen und Verteilen war allein Arbeit der Männer. Die Schubkarren hatten noch Holzräder. Überall waren Bretter und Bohlen verlegt, auf denen sich der Betrieb abwickelte. Die beladene Karre hatte Vorfahrt. Der Sand diente der Bodenauflockerung, entweder wurde er gleich verteilt oder am Ufer zunächst in Sandbergen gelagert.

Auf ihnen spielten Kinder, sammelten Muscheln und Steine und manchmal auch eine zerbrochene Tonpfeife heraus, die in ihrer Phantasie Elbabenteuer aus früheren Zeiten entstehen ließ.

Heute gibt es Motorfräsen, Lohnpflüger, Dungstreuer und Trecker, aber ganz läßt sich auf Spaten und Umgraben nicht verzichten.

Das Gartenland lag meist nahe am Haus, aber es gab auch Parzellen, die weiter entfernt waren. Wege von mehr als einer halben Stunde mußten dann zur Arbeitsstelle zurückgelegt werden. Die notwendigen Geräte, auch Mist zur Düngung, Sand für besondere Kulturen wie auch das geerntete Gut mußten mitgenommen und teilweise auf Schubkarren transportiert werden. Diese Karren, »Börkoar«, waren schwer und unhandlich; das Rad war meist eisenbeschlagen und ragte weit vor. Daher machte das Gewicht der leeren und beladenen Karren denen, die sie schoben, ziemlich zu schaffen; Tragegurte, über die Schultern gelegt, schufen eine gewisse Erleichterung. Dennoch war hin und wieder eine kurze Verschnaufpause vonnöten. Wenn es geregnet hatte, war es besonders schwer, durch die schwere, lehmige Erde voranzukommen. So blieb mancher bei weiten Wegen über Mittag draußen und kehrte erst abends nach Hause zurück. Etliche Besitzer sehr langgestreckter Hufen legten zu

Moderner Gartenbaubetrieb in den Vier- und Marschlanden

Beginn dieses Jahrhunderts Schienen für eine Lorenbahn, um sich so den Transport zu erleichtern.

Die Arbeit auf dem Land war und ist schwer und anstrengend. Auch heute noch muß vieles mit der Hand und noch dazu auf den Knien geleistet werden.

Der Einsatz von kleinen Motorpflügen und -fräsen zur Bearbeitung des Bodens erspart wohl das Umgraben mit dem Spaten, aber es ist nicht einfach, die schweren Geräte auf der rechten Spur zu halten; körperliche Schwerstarbeit bleibt es.

Viele Arbeiten wurden mittlerweile rationalisiert – ein Zug der Zeit, der sich auch in der Landwirtschaft zum Vorteil der arbeitenden Menschen ausgewirkt hat, vor allem in der Betriebsform und bei der Spezialisierung auf Gemüseanbau oder Blumenzucht. Schon in früherer Zeit verlagerten sich die Schwerpunkte auf den Anbau bestimmter Pflanzen – ein Trend, der sich im Laufe der Zeit erheblich verstärkte. In den Vierlanden dominiert heute die Blumenzucht im Erwerbsgartenbau, während in den angrenzenden Marschlanden der Gemüseanbau seine führende Stellung halten konnte. Das hatte in den Vierlanden zur Folge, daß heute nicht mehr alles, was die Familie an Gemüse braucht, wie früher selbst angebaut wird. Heute kauft auch der Gärtner seine Kartoffeln auf dem Markt ein oder holt die Milch beim Milchmann. Ziegen werden so gut wie nicht mehr gehalten, ebenso wenig Schweine, die ehemals im Betrieb mit gefüttert wurden und den Fleischbedarf der Familie deckten.

Der Gärtner ist heute freier Unternehmer und muß sich den sich ständig verändernden Anforderungen des Marktes anpassen.

Edle Blumenzüchtungen aus dem Treibhaus

Im Frühjahr sind die Felder Ochsenwerders mit bunten Plastiktüten übersät zur Beschwerung der Folien, die zur Erhaltung der Bodenwärme über die neue Saat gespannt werden.

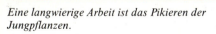

Eine langwierige Arbeit ist das Pikieren der Jungpflanzen.

Der Boden im Gewächshaus wird mit der Motorfräse vorbereitet.

Die ersten Farbtupfer im Frühjahr – Primeln im Gewächshaus

Nur selten kann die Maschine hier den Menschen ersetzen. So ist das Aussetzen der Jungpflanzen immer noch mühsame Arbeit, die auf den Knien bewältigt werden muß. Einfaches Hilfsmittel ist der hölzerne Pflanzstock.

Ohne Schädlingsbekämpfungs- und Unkrautvertilgungsmittel geht es nicht mehr. Hier das Spritzen von Selleriestauden.

Die Maiglöckchenpflanzen werden im Herbst ausgehackt und die Blütenkeimlinge zum Versand nach Übersee gebündelt. Zum »Maiglöckchenpulen« trifft sich auch heute noch die Nachbarschaft zum gemütlichen Klönabend.

Zum Ende der Stiefmütterchenzeit werden die restlichen Pflanzen untergepflügt, um den Boden für neue Kulturen nutzen zu können.

Vierländer Blumen, Obst und Gemüse

Verkaufsstand hinterm Deich – Warten auf Kundschaft

Kontraste in alter Kulturlandschaft – Getreideernte mit modernen Maschinen an der Reitbrooker Mühle

Die letzten ihrer Zunft

Nur noch auf den Nordseeinseln findet man in Deutschland eine so große Anzahl reetgedeckter Häuser wie in den Vierlanden. Daher hat der Beruf des Reetdachdeckers hier weiterhin gute Zukunftschancen. Voraussetzung für die Weichbedachung der Häuser waren ursprünglich die Rohstoffe, die sich in der natürlichen Umgebung finden: Stroh von den Feldern und Reet, was reichlich in dem sumpfigen Gelände an der Elbe und an den Bracks wuchs und im Winter geschnitten wurde. Bei Wohnhäusern legte der Dachdecker ursprünglich eine Schicht aus Strohhalmen auf, die beim Drusch besonders schonend behandelt wurden. Diese wurden dann mit einer haltbareren Reetschicht abgedeckt. Heute wird auf das Stroh ganz verzichtet. Ist die Dachschrägung so beschaffen, daß Regenwasser leicht abfließen kann, dann hält so ein Dach ein Leben lang.

Der Dachdecker verwendet heute ungarisches Reet vom Plattensee oder polnisches von den Masurischen Seen. Dies ist anders als das Elbreet, nicht dem Gezeitenwechsel ausgesetzt und daher fester.

Gearbeitet wird mit bloßen Händen, wobei Fingerspitzengefühl und gutes Augenmaß erforderlich sind. Geschickt rollt der Dachdecker die Reetbunde, die er vorher zugeschnitten hat, auf dem Dach aus und »treibt sie hoch«, wie es in der Fachsprache heißt. Er rückt sie zurecht und befestigt dann das Reet lagenweise mit Drahtschlaufen an den Dachlatten. Die Oberfläche der etwa 35 cm dicken Schicht wird mit einem Schlagbrett bearbeitet, und es werden die Rundungen an den Gauben ausgeformt. Zum Schutz für den First bekommt das Haus noch eine dicke Heidekappe aus Heideplacken, die aus Holland oder Dänemark importiert werden.

Der Dachdecker arbeitet gefährlich,

Schuhmacher Otto Graf aus Ochsenwerder: »Schuhe nach Maß haben am meisten Spaß gebracht. Das waren schöne Zeiten.«

Reetdachdecker Heinz Petrick bei der Arbeit auf dem Dach

Als natürliches Baumaterial dienen zum Befestigen der Heideplacken auf dem Dachfirst, Heidstecken aus angespitzter Weide.

denn auch in zehn Meter Höhe steht er ohne Sicherung auf den schmalen Tritten einer kleinen Leiter, dem Dachstuhl, der durch einen großen eisernen Dorn Halt gewinnt. Wie bei allen Bauberufen ist auch der des Reetdachdeckers wetterabhängig. Wenn das Dach vom Regen glitschig und das Reet aufgeweicht ist, wird die Arbeit unterbrochen. Natürlich erfordert das Eindekken mit Reet viel Zeit und ist daher kostspielig. Für eine Kate mit ca. 200 qm Dachfläche rechnet ein Dachdecker zwei Monate Arbeitszeit.

Die Weichbedachung aber bietet viele Vorteile, die schon unsere Vorfahren zu schätzen wußten. Im Sommer ist es unter dem Reet kühl, im Winter warm; es isoliert und schützt gegen Lärm. Es lebt sich angenehm unter einem Reetdach, weswegen es in der Diskussion um das biologische Bauen immer mehr an Bedeutung gewinnt. Ein Nachteil ist freilich die hohe Feuergefährlichkeit. Im Vergleich zu anderen Bundesländern ist der Feuerkassenbeitrag in Hamburg aber recht niedrig, so daß niemand aus Kostengründen ein Ziegeldach einem Reetdach vorziehen müßte.

Aus dem Bericht eines alten Schusters geht hervor, daß es eigentlich gar nicht seine Absicht gewesen war, die Schusterei zu erlernen; aber in den schweren Jahren nach dem ersten Weltkrieg war er doch froh, daß er bei seinem Vater arbeiten konnte. So wurde die

Schusterei in der vierten Generation eine der letzten in den Vierlanden. Früher ermöglichte der Beruf ein gutes Einkommen trotz etlicher Konkurrenz, heute kann die Familie von der Schusterarbeit allein nicht mehr leben. So verdient die Frau seit vielen Jahren mit, und außerdem wirft das Land hinter dem Haus auch noch einen bescheidenen Gewinn ab; so geht es ganz gut. Die Flickschusterei ist heutzutage nicht mehr einträglich genug; Stundenlöhne wie in der Industrie sind nicht zu erzielen, aber ein kleiner Schuhhandel hilft.

Schon in früheren Zeiten war der Handel mit Schuhzeug eine wichtige Einnahmequelle.

Würste und Schinken aus eigener Herstellung – Schlachter Hinrich Johannsen aus Ochsenwerder mit Sohn Klaus, der inzwischen den Betrieb übernommen hat.

Müller Karl-Heinz Busch von der Riepenburger Mühle mahlt heute hauptsächlich Schrot und Futtermittel.

Appetitliches aus der Bäckerei Wippermann in Ochsenwerder

Konkurrenz zu den noch bestehenden Lebensmittelläden sind die fliegenden Händler, die regelmäßig von Tür zu Tür fahren.

Die Menschen hier vertrauten mehr als in der Stadt auf das Qualitätsurteil ihres Schusters, auch wenn die Auswahl weniger groß war. In seiner Jugend, heute ist er 60, hätten die Schuhmacher in Vierlanden noch selbst Schuhe angefertigt, besonders Stiefel. »Damals«, weiß ein alter Ochsenwerder Schuhmacher zu berichten, der gerade sein 50jähriges Dienstjubiläum gefeiert hat, »wurden lederne Langschäfter bei der Feldarbeit getragen.« Seit dem Aufkommen der Gummistiefel blieb die Kundschaft weg. Er fertigte auch Hausschuhe an, wie sie bis zur Jahrhundertwende getragen wurden. Für das Schuhoberteil wurde fester Leinenstoff, das oft bunt bestickte »Linnen«, verwendet, unter dem der Schuster bei der Weiterverarbeitung eine feste Ledersohle anbrachte. Auch heute noch geht der alte Schuster montags per Fahrrad »auf Kundschaft« im Spadenland und Moorfleet und liefert samstags die fertigen Waren aus. Er mußte sich den veränderten Zeiten anpassen, so repariert er heute auch Reisetaschen und setzt Reißverschlüsse ein. Wo findet man heute noch einen Handwerker, der vom Messerschleifen bis zum Arbeitshosennähen auch Extrawünsche erfüllt?

Daß sein Sohn, der eine Ausbildung als orthopädischer Schuhmacher hat, einmal sein Geschäft übernimmt, wünscht er sich. Dieser kann aber in seinem Fachberuf in der Stadt erheblich mehr verdienen.

Der 87jährige Kolonialwarenhändler Heini Michaelis aus Kirchwerder hat immer noch Freude an seinem Laden. Wenn er einmal schließt, möchte er am liebsten ein kleines Museum am Elbdeich einrichten, »als Treffpunkt für alle«.

Hess all heurt?

Der Vierländer ist zwar nicht redselig, aber er erzählt und klönt gerne von heute und früher, von gestern und vorgestern. Auf plattdeutsch, auf hochdeutsch, wie es gerade kommt. Nachbarschaftsbesuche, Vereinsabende, Biertischrunden, Familienfeiern und Deichbegegnungen geben dazu genug Anlaß.

Auch während der Arbeit, zwischen den Tomaten oder Stiefmütterchen an der Grundstücksgrenze zum Nachbarn, entwickeln sich oft Gespräche, die dann, unterbrochen von langen Pausen, über Stunden gehen. Beliebte Klönabende sind das Maiblumenpulen im Herbst oder die großen Schlachtfeste im Winter. Bei Kaffee und Kuchen und einem Schnäpschen gab es viele Neuigkeiten und allerlei Gedanken auszutauschen.

Von jemandem, der nur zu Hause saß, hieß es »He geiht nich to Mark un nich to Kark« oder: »He sech nich dreuch

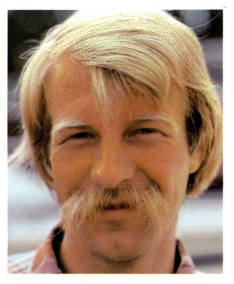

oder nat, not witt oder swatt« oder »Du kanns so scheun snacken, di muck ik mol singen heurn«. Von solchen Schnacks sitzt der alte Vierländer voll, sie offenbaren seinen Witz und seine Schlagfertigkeit in allen Situationen.

Es kann ernst oder auch ganz harmlos gemeint sein. – »Wem de Stebel paßt, de treckt sik em an.«
Kuhl inne Backen, Schelm in'n Nakken.

Wer lang slöppt un gau löppt, kummt ok noch mit.
Ut'n Swienstroch kan'n ken Vigolin moken.
Dor heurt mehr ton'n Danz aß'n poor Schoh.
Sett die dohl, de Stohl kummt gliks.
Wo Duben sünd, flegt Duben to.
Wo de Bom hinfallt, dor blifft he ling'n.
Leber achtern Ohln schuhln, aß achtern Jung'n huhl'n.

Hübsch is nich hübsch, ober watt'n lieden mag, dat is hübsch.
Larm un Lev sünd manigmol blind.
Nich to fien un nich to groff, dat is de beste Büxenstoff.
Sünd we doför, möt we dor dör.
Wo Lüd sünd, snackt ok Lüd.

Erst seit dem Bau des »Neuen Deiches« ziehen Schäfer mit ihren Schafherden an der Elbe entlang, zur Pflege und Befestigung der Deichböschungen.

Schafe für die Deiche

Das idyllische Bild des Schäfers, der seine Herde am Elbdeich weiden läßt, ist aus Vierlanden nicht wegzudenken. Seine zotteligen Hunde treiben auf sein Kommando zurückgebliebene Tiere an, während er selbst mit gemächlichen Schritten an der Deichkrone entlangwandert, immer zum Klönschnack mit Vorbeikommenden aufgelegt.

Aber dieses friedliche Bild täuscht: der Schäfer – in der Skala der beliebtesten Berufe weit oben angesiedelt – ist wie jeder freie Unternehmer zahlreichen Risiken ausgesetzt. Er ist abhängig vom Wetter, vom Ertrag der Weiden und Deiche; ständig muß er seine Herde vor vorbeirauschendem Verkehr schützen, und oft genug verunglücken Schafe oder Hunde auf der Deichstraße.

Für den Winter muß er Winterquartiere oder Winterweiden pachten, da die Deiche gegen Ungeziefer gespritzt werden. Bei strengen Temperaturen muß die Herde im Stall gefüttert werden: 50 Zentner Kraftfutter, dazu ein Fuder Stroh oder Heu für etwa 500 Kopf pro Woche.

Der Betrachter mag denken, daß eine solche Herde ein kaum verändertes Bild aus weiter Vergangenheit ist, doch die Schafzucht in Vierlanden ist verhältnismäßig neu. Erst der Rückgang der Ziegenhaltung bewirkte, daß die steilen Deichkanten nicht mehr regelmäßig gepflegt und abgemäht wurden. Als nach der großen Flut 1962 der neue mächtige Deich gebaut wurde, stellte sich die Frage nach Pflege und Unterhaltung.

Die Stadt Hamburg bietet den Schäfern finanzielle Unterstützung, die von ihren Schafen den Deich kurz grasen und, was noch wichtiger ist, die Böschungen festtreten lassen. Im Vertrag mit dem Schäfer wird genau festgelegt, welche Deichstücke zu beweiden sind und wieviel Schafe der Schäfer mindestens haben muß. Pro Tier wird dann ein »Kopfgeld« vereinbart. Um eine Familie ausreichend ernähren zu können, muß die Herde aus mindestens 700 Tieren bestehen.

Da das Deichland häufig überschwemmt ist, ist es notwendig, daß die Tiere durch Wurmkuren alle 6 Wochen vor verstärktem Parasitenbefall geschützt werden.

So werden die Zuschüsse der Stadt durch diese und andere Kosten, die durch die Glasschäden, Unrat und Autoverkehr hervorgerufen werden, verschlungen. Vorrangig sind Wohlbefinden und Gesundheit der Tiere, deren Fleisch und Wolle die Existenzgrundlage der Schäfersfamilie bilden.

In Vierlanden werden hauptsächlich deutsche schwarzköpfige Fleischschafe gehalten, die neben hochwertigem Fleisch eine ebenso hochwertige Wolle, auch Crossbred-Wolle genannt, liefern.

Im Frühsommer ist Schurzeit. Eine stabile Wetterlage muß gewährleistet sein, denn die Schafe können sich ohne ihren dicken Pelz leicht erkälten. Während der Schurzeit hat der Schäfer einen 16-Stunden-Tag schwerer körperlicher Arbeit. Jedes seiner Tiere wird von Hand geschoren, außerdem müssen die Klauen beschnitten werden. Da der Beruf des Scherers, der im Sommer von Herde zu Herde zieht, fast ausgestorben ist, muß der Schäfer oft selbst die Arbeit übernehmen. Einige Helfer sind nötig, die die Tiere einfangen und dem Scherer zuführen.

Mit einem geschickten Handgriff werden selbst die unruhigsten Böcke auf den Rücken gedreht und zwischen die Beine geklemmt.

Früher wurde die Schur mit der Schere ausgeführt, aber heute gibt es hochtourige elektrische Schneidemesser, mit denen der Scherer gekonnt umzugehen versteht. Erstaunlich schnell, in wenigen Minuten nämlich, ist das Schaf von seinem Fell befreit und springt laut blökend davon.

Seitdem viele Türken im Hamburger Raum leben, finden Fleisch und Wolle rasch Absatz. Besonders zu hohen islamischen Feiertagen ist die Nachfrage nach Hammelfleisch groß.

Nach ihren strengen Glaubensgesetzen schlachten die Türken die Tiere mit eigenen Messern an Ort und Stelle. Auch für die Wolle sind die Gastarbeiterfamilien dankbare Abnehmer, denn mit ihr stopfen sie, wie in ihrer Heimat üblich, ihre Oberbetten aus.

Auch Freunde des Handspinnens, was immer mehr in Mode kommt, holen sich gute Wolle direkt vom Schäfer.

Der Beruf des Schäfers und das von ihm betriebene Gewerbe sind für die Vier- und Marschlande eigentlich landschaftsfremd, dennoch fügen sich Schafherden, Ställe und Pferche hinter den Deichen in das Landschaftsbild ein, als wäre es nie anders gewesen.

Schafschur bei Schäfer Harald Petersen in Neuengamme, – türkische Gastarbeiter aus Hamburg sorgen für regen Absatz von Fleisch und Wolle.

Abtransport der Ware vom Deich zum Hamburger Großmarkt

Wie in vielen Gartenbaubetrieben, ist auch Werner Riek auf die Mithilfe seiner Familie angewiesen.

Auch heute noch ist der »Pflanzer«, dieses nützliche Holzgerät, viel im Einsatz.

Was der Boden hergibt und einbringt...

Mit Spaten und Schaufel – Der Beruf des Kleigräbers

Es gibt Pflanzen und Früchte, die den vier Jahreszeiten zusätzliche Namen geben. Zur Erdbeerzeit, wenn diese wohlschmeckenden Früchte reif sind, werden für die Pflücker die Tage bis zu 20 Stunden lang. Die ersten Freilanderdbeeren kosteten um die Jahrhundertwende 1,50 RM das Pfund; das entsprach dem Tageslohn eines Knechtes. Vereinzelt standen sie in Blumentöpfen und Treibhausauslagen und kamen so der eigentlichen Erdbeerzeit zuvor. Der Preis war so hoch, daß von dem ganzen Früchtesegen nicht eine einzige Beere in den Mund der Pflückerin wanderte. Die Maiblumenzeit, die, anders als ihr Name vermuten läßt, in den Spätherbst fällt, findet bei Ofenwärme und Klönschnack im Verein mit den Nachbarn statt. Die ausgeharkten zwei- bis dreijährigen Pflanzen müssen sortiert und gebunden werden. Die Keime bringen das Geld, die Ranken den Nachwuchs, sie werden wieder gepflanzt.
Die Keime werden bis nach Skandinavien, Frankreich und Amerika exportiert. Dort werden sie kühl gelagert und je nach Bedarf in Treibhäusern zum Blühen gebracht. Die Maiblume – auf platt »Lütte Lilln« – wächst am besten auf Sandböden.
Ebenso wie es bei den Vierländern eine Rhabarber-, Tomaten- und Heuzeit gibt, gibt es im Frühjahr die Stiefmütterchenzeit. Das Wetter zu Ostern entscheidet über Erfolg und Mißerfolg des Ertrages. An größere Anschaffungen läßt sich nach dem Verkauf einer Blumen- oder Gemüsekultur denken. Auch die Rückzahlung von Schulden ist hiervon abhängig. Ebenso wird hiernach der Zeitpunkt der zu feiernden Feste festgelegt.
Als die Gärtner mit ihren Pflanzen und Früchten voll den Unbilden des Wetters und der Jahreszeiten ausgesetzt waren, als es noch keine Treibhäuser gab, höchstens einige Mistbeetfenster, war diese Abhängigkeit noch größer. Der Name »Mistbeetfenster« geht zurück auf das Untergraben von viel Mist, damit die bei der Verwesung und Verbrennung frei werdende Wärme die Unterglaskulturen biologisch »aufheize«. Die Gärtner setzen der Natur ihr Geschick und ihr Können entgegen, aber das Risiko bleibt, und Glück müssen sie haben. Jeder Sommer hat seine Renner und seine Ladenhüter. »Wat du dat en Johr ünerpleugen muß, riet se di dat anner Johr ut de Hand«. Vor 200 Jahren zählte man auf einem Bauernhof noch 13 Kirschsorten, vor hundert Jahren gehörte dagegen neben der Erdbeere und Maiblume die Stachelbeere zu den Haupteinnahmequellen. Im vergangenen Jahrzehnt nahm die Blumenzucht gewaltig zu, die Anbaumethoden wurden verfeinert, die Sortenvielfalt wurde ebenso großzügig ausgebaut wie die Treibhäuser selbst. Aber die Energiesituation und EG-Importe verhinderten ein In-den-Himmel-Wachsen der Blumen und deren Glashäuser.
Immer schon hat der Vierländer Mut bewiesen und neue Märkte mit bis dahin ungewohnten Früchten und Blumen erschlossen. Ob es nun vor 300 Jahren die Erdbeeren waren oder vor 30 Jahren die Orchideen.

Seit 1838 gibt es sie, die Kleigräber des Ent- und Bewässerungs-Verbandes. Ihre Aufgabe besteht heute darin, im Auftrage der Hamburger Wasserwerke alle Vierländer Gräben sauberzuhalten und gegebenenfalls auszutiefen. Jedes Jahr müssen dazu alle Grabenkanten mit der Sense gemäht werden. Anschließend wird der Boden mit einer schweren Harke von Pflanzen und Algen, aber auch Gerümpel gereinigt. Alle 4–6 Jahre müssen die Gräben trotz regelmäßiger Pflege mit Spezialbaggern vertieft werden. In Häusernähe aber und neben Treibhäusern ist der Baggereinsatz oft nicht möglich; dort muß das Grabenstück trockengelegt werden. Das Ausheben erfolgt dann mit langen schmalen Spezialspaten, eine Arbeit, die im nassen Grundschlamm besonders hart ist.
Die Kleigräber begrüßen die inzwischen weit fortgeschrittene Besielung der Vierlande besonders, weil ihnen die ehemaligen Verunreinigungen vor allem in Häusernähe besonders zu schaffen machten. In jüngster Zeit ist es durch die Besielung zu einer deutlichen Verbesserung der Gewässer gekommen.
Rund 700 km lang sind die Gräbern, die die Kolonne von acht Männern im Jahr bearbeiten muß; das sind rund 2½ km pro Tag! Gearbeitet wird das ganze Jahr über; lediglich wenn im Winter das Eis die Arbeit unmöglich macht, haben die Kleigräber Pause.

Der Blick in ein modernes Gewächshaus zeigt die Anwendung von energiesparenden und automatisierten Technologien.

Wippende grüne Ölpumpen durchsetzen die Landschaft. Hier wird schon seit Jahrzehnten nach Öl gebohrt. Aber die Gärtner haben nichts davon. Sie leiden mit ihren aufwendigen Gewächshauskulturen unter der Energieverteuerung.

In der Gartenbauversuchsanstalt Fünfhausen werden neuartige Energie- und Klimatechniken für Unterglasanbau erprobt.

Die Hamburgische Gartenbauversuchsanstalt Fünfhausen

Dieses Unternehmen ist genau 70 Jahre alt, liegt mit einer Größe von 6½ ha in Kirchwerder-Fünfhausen am Sandbrack und ist der Behörde für Wirtschaft, Verkehr und Landwirtschaft unterstellt. Die Leitung hat der Diplom-Agrar-Ingenieur Uwe Schmoldt.

5000 qm befinden sich unter Glas. Dies ist das Hauptarbeitsfeld, eine Tatsache, die deutlich die Probleme sichtbar macht, mit denen es die Blumen- und Gemüsezüchter zu tun haben. Nur mit Kulturen unter Glas läßt sich die Lebensfähigkeit gegenüber der Konkurrenz aufrechterhalten.

Daraus ergibt sich zwangsläufig ein weiteres brennendes Problem, das der Energieversorgung. Hier hat die Gartenbauversuchsanstalt eine Art informierende, betreuende und korrigierende Aufgabe. Ob es nun um Markt- und Bodenanalysen, Sortenprüfungen, Düngemittelanwendung, neue Krankheiten, Pflanzenschutzmittelprüfungen und -untersuchungen, technische Versuche mit neuen Geräten, um Anbauverfahren, Isoliersysteme oder Energiefragen geht, überall greift die Versuchsanstalt helfend ein. Sie arbeitet nicht nur gegenwartsbezogen, von ihr wird darüber hinaus so etwas wie eine Vorahnung von Problemen erwartet, und treten diese auf, dann müssen möglichst schon die Gegenmittel greifbar sein.

Seit 1978 hat zunehmende Ölverknappung dazu geführt, daß die Flächen der Treibhäuser in den Vier- und Marschlanden nicht mehr vergrößert werden.

Die Betriebe stellen sich um. Es wird weniger geheizt, nicht um zu sparen, sondern um mit den Preisen der Konkurrenz Schritt halten zu können. Auch die Erweiterung des Marktangebots ist eine Folge davon, so daß Kürbisgurken, Zuckermais, Knollenfenchel und Chicorée in das Sortiment mit einbezogen wurden. Aber auch damit läßt sich die Exportierfreudigkeit des Nachbarn Holland nicht bremsen. 80% ihrer Blumen und Gemüseerträge führen die Niederländer aus und davon wiederum 80% in die Bundesrepublik. An zweiter Stelle liegt Israel, gefolgt von Belgien, Südfrankreich, Spanien und Griechenland.

Diese Einfuhren sind neben EG und Energie eines der drei großen »E«, die den Gärtnern und Bauern zu schaffen machen. Die Gartenbauversuchsanstalt steht selbstverständlich auf seiten der Erzeuger und versucht Wege aufzuzeigen, auf denen diesem Existenzdruck begegnet werden kann.

Heini Heil ist Fährmann auf der letzten Fähre der Oberelbe. Der Fährbetrieb ist fast so alt wie Zollenspieker selbst und seit 1925 in Händen der Familie Klockmann. Obwohl ca. 40 000 Autos pro Jahr sich auf die andere Elbuferseite nach Hoopte übersetzen lassen, ist das Fährgeschäft wegen der hohen Energiekosten nicht mehr einträglich. Ohne die tuckernde Fähre wären die Vier- und Marschlanden zweifellos um eine Touristenattraktion ärmer!

Der Ausflugsdampfer »Kaiser Wilhelm« ist ein Relikt der Vergangenheit und wird als Museumsstück geschützt. Ab und zu wird er im Sommer von Lauenburg aus für den Ausflugsverkehr eingesetzt und legt natürlich auch am Ponton in Zollenspieker an. Noch bis zum 2. Weltkrieg fand der Personen- und Ausflugsverkehr fahrplanmäßig statt. Inzwischen sind die Lauenburger Raddampfer längst durch den Autoverkehr überflüssig geworden und werden nur noch an besonderen Festtagen in Gang gesetzt.

Der Intarsienkünstler und Maler Werner Schröder ist gebürtiger Vierländer. Seine künstlerische Arbeit – Landschaftsbilder der Marsch oder abstrakte Intarsienbilder, die dem Naturmaterial Holz in Farbe und Maserung überraschende Wirkungen abgewinnen – zeigt eine enge Verflochtenheit mit seiner Heimat.

Klaus Moje ist als einer der experimentierfreudigsten deutschen Glaskünstler weit über die Grenzen Hamburgs hinaus bekannt.

Der Bildhauer und Zeichner Klaus Luckey wohnt und arbeitet seit 1975 in dem Geburtshaus von Alfred Lichtwark in Reitbrook.

Von Kunst und Künstlern

Die Vierlande, eine Hochburg der Volkskunst und des Kunsthandwerks, zogen auch Maler an. Diese nahmen sich neben der herben Marsch die, wie es auf alten Postkarten heißt, lieblichen Blumenplantagen als Motive. Aber auch die schönen Vierländerinnen, die Kirchen und Fachwerkfassaden und die Feinheiten der Stickereien und des Silberschmuckfiligrans stellten sie auf ihren Bildern dar.

Um die Jahrhundertwende setzte die Freiluftmalerei ein. Die Maler verließen ihre Ateliers und stellten ihre Feldstaffelei am Deich oder an der Elbe auf. In der weiten Umgebung der Großstadt Hamburg mit ihren vielfältigen Landschaften quartierten sich die Maler sozusagen vor Ort ein und gingen ihren Studien nach. Der Hamburger Maler Fritz Friedrichs (1882–1928) prägte den treffenden Satz: »Was für die Franzosen die Provence ist, sind für die Hamburger die Vierlande!« Die Blütezeit im Mai war am beliebtesten, aber auch der Sommer hatte für sie seine besonderen Reize, während nur wenige den Winter auf ihren Leinwänden festhielten.

Hans Förster (1885–1966) war darin eine Ausnahme, immer wieder nahm er sich den Winter in seiner ganzen Traumhaftigkeit als Motiv. Hermann Haase (1862–1934) stellte auf 1300 Aquarellen Häuser, Höfe und Trachten dar. Aber auch vieles andere gab es zu entdecken: arbeitende Menschen in der Natur, romantische Deich- und Flußmotive, Obst- und Blumen-Stilleben und die in Laub und Pflanzen gehüllte Architektur. Damals waren es Amelie Ruths (1871–1956), Askan Lutteroth (1842–1923), Carl Bohnsack, Hermann Rieck (geb. 1850), die Gebrüder Suhr, Ernst Timm, Arthur Graveley, Rudolf Eichstedt, Jacob Alberts, Anna Zeigler, Max Lobusch (1902–1975), Bruno Karlberg (1897–1967) und Rautenberg (1906–1979).

Heute leben in dieser Landschaft Maler, Bildhauer, Grafiker, Intarsientischler, Fotografen, Goldschmiede, Glasgestalter, Weber, Keramiker, Textildesigner, Journalisten und Schriftsteller.

Nehmen auch nicht alle das Thema die Umgebung zum Motiv in ihren Arbeiten, so fließen doch Farben, Stimmungen, Strukturen und vegetative Formen mit ein.

In traditionsreicher Umgebung werden alte Techniken des Handspinnens und der Pflanzenfärberei neu gelernt. Die selbst verarbeitete Wolle wird für individuelle Strickmode oder für Bildweberei weiter verwendet.

Freizeit hinterm Deich – Vom Surfen bis zum Pfeifenclub

An der Elbe mit ihren Nebenflüssen, an Bracks und Baggerlöchern sieht man das Heer der Angler, aber die Fische sind nicht mehr das, was sie früher waren. Häufig erhalten sie nach dem Fang ihre Freiheit zurück.

Das größte Baggerloch ist der Baggersee am Hohendeich zwischen Ochsenwerder und Kirchwerder. Durch die für den Deichbau entnommene Erde entstand ein Paradies für Wassersportler.

Besonders Surfer beleben mit ihren farbenfrohen Dreieckssegeln die Szene, zu der auch ein Campinggelände gehört.

In Zollenspieker gibt es einen Junggesellenverein mit Namen »Gambrinus«, der besonders mit seinen gewaltigen Osterfeuern brilliert. Tritt einer in den Stand der Ehe, muß er den Verein verlassen, wobei dann jedesmal ein großer Abschiedstrunk fällig wird.

Kegelvereine, Kegelbahnen und Kegelfreunde sind in Vierlanden nicht erst seit der Nachkriegszeit bekannt. Schon um die Jahrhundertwende befanden sich in größeren Lokalen Kegelbahnen.

Geflügel- und Kaninchenzuchtvereine stellen ihre Züchtungen in ihren Vereinslokalen und tragen Wettbewerbe aus.

Die Interessengemeinschaft Bauernhaus Vierlanden, kurz IGB genannt, hat sich zum Ziel gesetzt, die alte Bausubstanz der Heimat zu erhalten und das Bewußtsein dafür zu wecken.

Das Vereinsleben ist insgesamt so rege und vielseitig, daß eine Aufzählung, wie sie hier versucht wurde, nur unvollständig sein kann, zumal Zuwachs und Schwund für fließende Grenzen sorgen.

Ob es die Jäger, die Landwirte und die Landfrauen sind, die freiwilligen Feuerwehren, die Stickerinnen und die Filmemacher, alle treffen sich, organisieren Veranstaltungen, stecken ihre Ziele ab und feiern gelegentlich.

Die Vierländer sind ein äußerst feierfreudiger Menschenschlag. Wo zu wenige Gelegenheiten sind, schaffen sie sich welche. Sie gründen einen Verein. Dann trifft man sich hier und da, wird eingeladen und lädt ein, veranstaltet Bälle, macht Ausfahrten im Sommer und im Winter Theaterbesuche in der Stadt.

Diese enden oft dramatisch, wenn nämlich Leute fehlen und der wartende Bus sich nach mehreren Zeitzugaben auf den Heimweg macht.

Die Insassen bilden meist zwei Fronten, von denen die eine sagt: »Wi wöllt no Hus« und die andere »Lot uns man noch'n beten teuben«. Die Neugierde macht sich in der Frage: »Wat se nu woll mokt?« breit. Am nächsten Tag gehen dann wilde Abenteuergeschichten von Mund zu Mund.

Die Vermutungen werden dann in der vom Korn befeuerten Phantasie weit ausgesponnen. Ohne Korn geht absolut nichts. Die kleinen und großen Feste werden, von ihm als Treibstoff in Schwung gebracht, eben gefeiert, wie sie fallen. – Lag Schnee, dann gab es alsbald Schlittenfahrten auf den Deichen bis hin zur Geest oder zur Stadt. Gelegentlich fanden auch Wettfahrten auf dem Eis statt, bei denen dann Bier-, Wurst- und Grogbuden aufgebaut wurden. Die Vereine marschierten dann, oft von Musik begleitet, auf. In dicke Decken gehüllt, versuchte sich die Reisegesellschaft in den Schlitten der Kälte zu erwehren, was hinterher auch in den vielen Gaststätten mit Grog und Glühwein geschah.

Die Getränke bestellte ein »Vorreiter«, wodurch die Wartezeit verkürzt wurde. Im Verlaufe einer solchen Ausfahrt nahm die Stimmung schnell zu, und außer den geplanten Zielen wurden auch andere angefahren. Während der Heimfahrt überließ man die Pferde häufig sich selbst, die dann die Schlitten mit Inhalt unbeschadet nach Hause brachten. So hat denn das Jahr seine Feste, ob es nun Maskeraden, Konfirmationen, Rummelpottlaufen, Himmelfahrtstouren oder die großen Sommerausfahrten per Bus sind. Später schließen sich Erntedankfeste mit prachtvollen Umzügen, Zollenspieker Markt, Schlachtfeste und Weihnachts-

feiern an. In Vierlanden ist immer etwas los.

Zwischendurch müssen nämlich noch Geburtstage, Richtfeste, Verlobungen, Taufen und kleine Jubiläen gefeiert werden.

Manche bringen es eine Woche lang

Halb Hamburg versammelt sich bei schönem Sommerwetter am Hohendeicher See zum Surfen und Baden. Für Wasser- und Radsportler werden die Vier- und Marschlande immer attraktiver.

Ein selten gewordenes Bild: mit dem Pferdekarren übern Deich

Rast am Vatertag

pro Abend auf eine Feier, und das nur, weil sie sich nicht klar für eine allein entscheiden konnten.
Wieviel Vereine es in Vierlanden gibt, ist schwer zu sagen, Gesangvereine allein in Kirchwerder zehn.
Die Sangesbrüder singen aber nicht nur, sie machen etwa auch Fahrradtouren im Sommer. Die Ehefrauen richten Stände mit Kuchen und Getränken ein. Hier werden Muskel- und Alkoholkater mit freundlichem Beistand auskuriert, und nach einem Lied geht es »Sattel auf« zur nächsten Etappe.
Die Radfahrvereine widmen sich dem Radball und dem Kunstfahren. Einmal im Jahr fahren die Mannen der »Hansa« alle mit Kreissägen auf dem Haupt nach Bremen zum Sechstagerennen. Am nächsten Morgen sind sie leicht verkatert wieder zurück, denken aber schon daran, sich fürs nächste Jahr erneut anzumelden.

Idylle am Baggersee mit Schafen, Seglern und Sonnenhungrigen

Familienausflug auf Rädern

Stundenlang harren die Angler an der Elbe und treffen sich gelegentlich zu nationalen Wettkämpfen.

Oben: Eine Schlauchbootpartie auf der Gose-Elbe

Zu den Schützenfesten ziehen Spielmannszüge über die Deiche.

Kirmestrubel in Oortkaten

Zum gigantischen Osterfeuer in Kirchwerder lädt der Junggesellenverein »Gambrinus« ein. Mit Musik wird bis in die Nacht hinein gefeiert.

Klönabend auf der alten Diele. Nachbarschaftliche Kontakte werden gern gepflegt.

Vierländer Trachtenpaar

*Oben: Geburtstagsumtrunk im Gewächshaus.
Man trifft sich zwanglos, wie es gerade paßt.*

An der Elbe gibt es Häfen und hier wiederum Jachten und Segelschiffe. Die Freizeitkapitäne haben sich zusammengeschlossen und unterstützen sich gegenseitig, wie es schon früher in der christlichen Seefahrt üblich war. Im August gibt es auf der Elbe ein Großfeuerwerk mit dem Namen »Die Elbe brennt«.
Hierbei fahren die Schiffe mit ihrer Festbeleuchtung und -beflaggung zur Parade auf. Zwei Trachtenvereine in schönen Vierländer Trachten aus schwerem Tuch und mit viel Silber und Stickerei erfreuen die Zuschauer mit Volkstänzen und Liedern. Einladungen erhalten diese Vereine nicht nur aus Hamburg und Umgebung, sondern auch aus dem Ausland.
Reit- und Fahrvereine veranstalten im Sommer auf einer Wiese Turniere, die sich übers ganze Wochenende erstrecken. Die Autonummern der mit ihren Pferden anrückenden Gäste verraten die Entfernungen, die sie zurücklegten, um daran teilzunehmen.

Die Vierländer Schützenfeste haben eine lange Tradition.

Schon nachmittags herrscht Trubel im Festzelt.

Des Schützens Stolz!

Alt und jung feiert mit! Auf dem Festplatz trifft man sich zum Klönschnack, im Festzelt wird der Tombola-Gewinn begossen.

Auch in den Reithallen und auf den Reiterhöfen geht es überaus farbig und lebhaft zu. Im Herbst unternehmen Reiter und Radfahrer eine gemeinsame Staffel durchs Feld.
In Neuengamme im Vereinslokal »Küken« pflegt der Pfeifenclub »Gemütlichkeit« Rauch- und Brauchtum. Etwa 180 Mitglieder gehören dem 1892 gegründeten Verein an. Die meisten rauchen heute Zigaretten, einige gar nicht und nur wenige Pfeife.
Früher wurde so lange geraucht, bis die Pfeife ausging; aber nicht weil sie leer war oder das Ziehen vergessen wurde: Nein! In der Luft war kein Sauerstoff mehr. Solche und andere Geschichten sind zu hören, wenn sich der Pfeifenclub trifft.
Blasmusikanten gibt es auch, z. B. die »Loreley im Seefeld« von 1928. Wenn Umzüge veranstaltet werden, ist Blasmusik ebenso erforderlich wie für Platzkonzerte und Tanzveranstaltungen.
Wenn im Winter die »Loreley« in die Stadt fährt, hat jeder sein Instrument mit, und im »Zillertal« blasen dann in aller Freundschaft die Vierländer den Bayern den Marsch.
Für Tennisspieler gibt es in Reitbrook den Verein »Elbe-Bille« und in Curslack Tennishallen. Fuß- und Handballvereine tragen ihre großen und kleinen Meisterschaften aus. Turnvereine können seit einigen Jahren die Sporteinrichtungen der Zentralschulen benutzen. Der älteste Verein in Vierlanden ist die Vierländer Schützengesellschaft von 1592, sie ist also bald 400 Jahre alt. Die Kette des Schützenkönigs wiegt fast 30 Pfund.
Es gibt aber auch einige Schießclubs, die ihre Wettkämpfe mit Schußwaffen austragen.

Die Feuerwehr hat nicht nur Einsätze, wenn's brennt. An den Feuerwehrfesten nimmt die Bevölkerung regen Anteil, denn die Hilfe der Männer weiß man zu schätzen. Die Feuerwehr ist »Mädchen für alles« und ersetzt oftmals Polizei- und Krankenwagen.

In schmucken Trachten präsentieren die Altengammer Mädchen den prächtigen Erntekranz nach dem Erntedank-Gottesdienst.

Auch am Erntedankfest sind die Spielmannszüge aus den Festumzügen nicht wegzudenken.

Wohlverdienter Feierabend am Deich

Der Pfeifenclub »Gemütlichkeit« besteht seit fast 100 Jahren.

De Wohlversammlung

Dat is noch gornich so lang' her, dor wern de veer Johr weller rüm, de Wohl stünn weller vör de Dör.

Dormit de Buern hier nu ganz genau wüssen wat de, de ant Ruer weuern, allns verkehrt mokt harrn und wat de, de dorneben stünn, allns anners un beter moken wulln, gev dat Wohlversammlungen. Mitünner kem ober ok en Mann, de vertell, wat se all beschick un so scheun hinkregen harrn, wie dat wieder gohn schull un dat de Annern wieder nicks as quarken kunn, un ok dorvun nich recht Ohnung harrn. Egentlich wür ober ümmer dat Glike vertellt, nämlich Gemüse, Obst, Flesch, Melk und Korn – von Blomen snacken se nich – muß mehr bringen, Drievhüser, Koks, Öl und Kunstdünger weuern je ok dürer worn.

Je, un dinn schulln ümmer noch de slechten Stroten mit Asphalt öbergoten warn. Winn de letzten dat ober noch gleuben deern, wür dor all weller en Flickwark vun.

Hüt Obend verleup dat ober rech wat anners as sunst. De Redner op de Bühn stün vör en Disch, geut sik en Sluck witte Brus int Glas – Stimm vun achtern: »Dor muß je wohl en ollichen Kloarn bi ober wesen!« – un dinn klopp he mit sin Bleestift op de Dischplatt. Wer dat nich grode sehn de, snack wieder. Grode marken twe Mannslüd dat se sik vor veer Johr toletz sehn harrn, na, dat kregen de Annern natürlich ok al mit. En poor Mak-

125

Selten wird in Deutschland noch im Viergespann gefahren. Einmal im Jahr findet in Neuengamme ein Turnier für Gespannfahrer statt.

kers lachen opmol ganz lut, harr wohl ener en Witz vertellt. Wör all meis still, dor güng dat Lachen weller los. De Mann op de Bühn weuer ober nu ganz enfach anfung, genau harr dat ken en mitkregen und bald heuern se all to. Mitünner keum en Twischenrop ober dor beer he gornich no hin. Dat dur gornich lang, dor snacken dor twe Mann. August harr nich blos helle Hoor un en helle Stimm, he harr ok bin'n en hellen Kopp. To jeden Satz vun den Mann do vör wüss August wat to seggn. Ober de mit de witte Brus kun ken Platt, wör nich slachfertig un men, August schull sik de Frogen bit ton Enn opsporn. Nu würt erst mol weller ruhig bit he wat segg'n de vun alle müssen se Opfer bringen in de Wirtschaft. Grodes Gemurmel, gliektiedig wür ok nedes Beer bestellt, de ersten reken all mit den Kellner aff, barg steken sik en nede Zigarr an un August vertell gau es Reech twischen dör. Vun vör wer weller de Blestift to höurn mit de Bitt um Ruh un dann Hinwies, dat wör glik to enn. Langsom steg de Stimmpegel an un se keumen weller all bannig vunt Thema aff. Dor wür vun Utfohrten, Blomenpriesen, nede Autos, noch en Kloarn, Krankenhus und Heiroten snack. De meisten Gäst harrn dat gornich genau mark, dat de Mann dor vör fertig wör mit sien Ansprok.

Nu würd ober ganz still, he wull all ton tweten Mol weten, op ener en Frog har. De Ruh wör meis en beten pienlich un he men to August, nu kunn he wat segg'n.

August stünn op, kek in de Run'n grien je woll meis son beten un anter: »Ers schack nich, nu wick nich!« Junge, wat Larm op mol, wat dur dat vun Tied bit se sik all weller beruhig harrn. Ümmer füng noch weller wek an to lachen un haun op'n Disch. No un no kreg de Blestift jüm ober all weller dol, de anner Hand hüll en Taschendok, dat wull mol obert Gesich wischen schull, dor ober nie ganz hinkem. Bet'n argerlich frog he noch mol, ob ener ne richtige Frog harr. Ruhe vor dem Sturm!

He harr dat man leber opgeben schullt. Nu stün nämlich de lütte Kuddl Witt op, hüll sik betn an'n Disch fast un de Redner frei sik woll all, dat nu doch wat to tügs kam. Kuddl sien glosigen Ogen lachen in de Run'n un he se: »Jo, ik hev en klore Frog, kunn mi ener mit no de Südensiet (Zollenspieker) nehmen?« In dan'n Spektokel streden se sik nu, wer Kuddl mitnehmen wull. Bi wem he dinn egentlich mitfeuert is, wüs noher kener, ok nich, wann de Redner de Wohlversammlung verloten het, em harr dan'n Obend kener mehr sehn. –

Mitünner ward noch vun August un Kuddl snackt un wat de Partein domols all beschicken wulln. Hüt to dogs geit dat all mehr dorüm, wat se nich beschicken schüllt.

Winter in der Marsch

Edle Traberpferde für internationale Rennbahnen wachsen seit Generationen auf den Weiden des Gestüts von Hinrich Heitmann im Altengammer Elbdeich auf.

In Vierlanden war der Sommer die Jahreszeit der Außenarbeit. Es wurde gesät, gepflanzt, gepflegt, gehackt, bewässert und geerntet.

Es wuchs, es blühte, es roch, und es schmeckte. An diesem Geschehen hatten in mehrfacher Hinsicht auch die vielen Gäste teil, die als Tagesausflügler Deiche, Lokale und Gärten bevölkerten.

Auch heute noch haben die Besucher vom Deich Aus- und Einblick in das Schaffen der »Greunhöker«, wie sie sich selber nennen. Sie haben aber auch die Möglichkeit, am Deich Blumen und Früchte sozusagen direkt ab Garten zu erwerben.

So lebhaft es im Sommer war, besonders während der Erdbeer- und Erntezeit, so still wurde es im Winter. Für diese Zeit mußte der Vierländer sich mit viel Gespür und Organisationsgeschick vorbereiten, durch Wetter und Wege bedingt, waren die Bewohner wochenlang auf sich gestellt.

Sie führten dann ein abgeschlossenes und zurückgezogenes Leben und waren bei Schneetreiben und knackender Elbe ganz darauf angewiesen, sich selbst zu versorgen. Die Tage waren kurz ohne Glühbirne und Auto, alles war hartgefroren und schneebedeckt, die Arbeit schien zu ruhen. Aber es schien nur so! Es verlief zwar alles ruhiger, es wurde auch länger geschlafen, aber zu tun gab es immer genug. Häufig geschah es, daß dann die Zeit der Kälte plötzlich und wie im Handumdrehen vorbei und die geplanten Arbeiten an Haus und Hof noch gar nicht erledigt waren. »Ward all nächsten Winder mokt!« hieß es dann.

So ist es heute nicht mehr. Die Treibhäuser mit ihren vielfachen Möglichkeiten, die Blumenkühlräume, die nach den Anforderungen des Marktes notwendige Heiz- und Lichttechnik und letztlich die moderne Verkehrssituation lassen es nicht dazu kommen, daß der Winter wie um die Jahrhundertwende verläuft. Damals, als eine Familie noch mit 300,- RM durch den Winter kam, wurden in dieser Jahreszeit Kiepen und Körbe repariert und neu geflochten, denn Kisten und Körbe aus der Fabrik gab es noch nicht. Fleeken – geflochtene Hürden – wurden gebunden, um empfindliche Frühkulturen vor Nachtfrösten zu schützen, Gräben gesäubert und Buschholz geschlagen.

Was bisher vor dem Wind geschützt hatte, wurde zu Feuerholz. Auf dem Elbvorland und an den Bracks schnitten die Männer Reet für Fleeken und Dächer, schnitten, »pöllten« Weiden und Eschen aus und setzten die Ackergeräte instand. Der Gemüsebauer kittete und strich seine Mistbeetfenster und setzte neues Glas ein

Der Hufner hatte durch das tägliche Füttern und das Säubern der Ställe ständig alle Hände voll zu tun, zumal auch noch Mist aufs Feld gefahren werden mußte. Das Melken war für die Mägde jetzt angenehmer, denn der Weg zur Wiese entfiel, und im Stall war es warm. Damals ging alles von Hand, ganztätig und wochenlang, heute werden diese Arbeiten wie auch das Dreschen maschinell und halbautomatisch bewältigt.

Es wurde geschlachtet und Wurst gemacht, eingekocht und geräuchert.

Der Rauch des Herdfeuers zog durch Dächer und Hausöffnungen ab. Er war als »Räucherer« ein willkommenes Nebenprodukt bei der Wärmegewinnung. Eine Vielzahl von Klappen, Luken, Luftlöchern und dazu auch die Klöntüren mußten bedient werden, um besonders bei drückender Luft und Nebel den Abzug zu gewährleisten. Bei strengem Winter mit anhaltendem Ostwind war der Ofen in der Döns der Kälte nicht gewachsen. Die Außenwände waren nur einen halben Stein dick, und die in Blei gefaßten Scheiben ließen den Windzug durch. Im Sommer ging es auch bei großer Hitze nicht ohne Feuer, denn gekocht werden mußte. Und der Rauch war notwendig, denn er verlieh nicht nur den Würsten und Schinken Geschmack, er konservierte auch Fleisch ebenso wie Holz, er sorgte dafür, daß das Ungeziefer nicht

127

Gesangsprobe des Ochsenwerder Kirchenchores

überhandnahm, und überlagerte obendrein die Stallgerüche.
Und auch an den Abenden war man noch fleißig zugange. Erbsen und Bohnen wurden verlesen, der Knecht schnitzte aus Schwarzdorn Wurstprünnen, mit denen die Därme abgesteckt wurden, die Mädchen machten Handarbeit, Großmutter stopfte, und der Nachbar brachte Neuigkeiten und die genaue Uhrzeit, denn bei seinem letzten Stadtbesuch hatte er seine Uhr nach der Bahnhofsuhr gestellt.
Im Februar, zur Rummelpottzeit, gab es dann fast eine Woche fürs Gesinde frei.

Nach einer Aufführung im Gemeindesaal geht man noch lang nicht nach Haus.

Pastor Mielck aus Ochsenwerder mit seiner Konfirmandenschar

An der Elbe ging man unterdes dem Fischfang nach, man fing Stör und Lachs, auch für den Eigenbedarf. Da es zu der Zeit eine Verordnung gab, durch die geregelt wurde, wie oft Lachs gegessen werden durfte, ist anzunehmen, daß der Lachs bei manchen Leuten zu häufig auf den Tisch kam. Es wurde auch Stint in der Elbe gefangen und an die Hühner verfüttert. Diese gluckten dann zufrieden und ließen sich in der Hühnerbank zum Brüten nieder. Das Brutgeschäft und die Kükenaufzucht fanden in der Döns statt.

Nach 6–7 Wochen wurde das Geflügel nach Hamburg verkauft, wo man als Spezialität »Vierländer Stubenküken« schätzte. Angesichts der ersten Jahreseinnahme, die auf diese Weise erzielt wurde, nahm man die Hühnerstallatmosphäre in der Stube in Kauf. Etwa gleichzeitig wurden die Frühkartoffeln in Kiepen unter die Decke in der Döns zum Vorkeimen gehängt.

Damit schloß sich der Kreis, die Tage wurden länger. Mit Lichtmeß, dem 2. Februar, war das Schlimmste an Kälte und Schnee überstanden. Der Bauer mußte jetzt allerdings noch dafür sorgen, daß er den halben Futtervorrat für sein Vieh zusammenbekam. Der Gemüsebauer wurde ebenfalls unruhig. Eines Morgens – es hatte etwas gefroren, die Schuppentüren waren aber schon weit geöffnet – brachte er Mistbeetfenster und Kastenholz nach draußen und stapelte alles auf, um es für den nächsten Arbeitseinsatz bereit zu haben. Der Nachbar meinte ebenfalls, dies sei der richtige Zeitpunkt, wenn auch der eine wie der andere wußte, daß alles noch einmal einschneien könnte.

Die geruhsame Zeit mit Klönschnack am Ofen, die Zeit des Feierns, der Handarbeiten und der abendlichen Spiele am großen Tisch wurde langsam abgelöst vom lauen Südwest, der Zugvögel mitbrachte und der Erde ein weiteres Mal den Geruch des beginnenden Wachstums entlockte. Der unablässige Kampf gegen Eis und Kälte war vorüber.

Wie ein Gemälde eines holländischen Meisters: Bei klirrendem Frost und milchiger Wintersonne sind die Bracks ein Paradies für Schlittschuhläufer. Carlsbrack am Zollenspieker Hauptdeich.

Bildnachweis:
Luftbildaufnahmen (Achim Sperber) freigegeben vom
 Luftamt Hamburg unter der Nr. 661/80:
 Seite 36/37, 47, 84/85
Archiv Gerd Hoffmann: Seite 8, 15, 16, 17
Archiv Werner Schröder: Seite 7, 9, 10, 11, 14 (2),
 16, 17 (2), 18, 19, 20, 21 (2), 24, 25, 26, 27 (2),
 28 (4), 29 (3), 58
Staatliche Landesbildstelle Hamburg: Seite 13